D1753145

SCHÖNES ALTES
DITHMARSCHEN

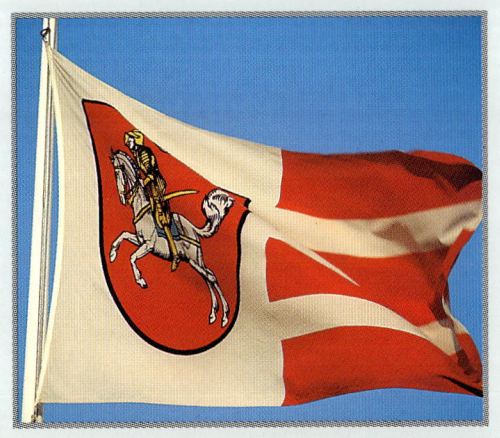

Fotos von Günter Pump
Texte von Frank Trende

Verlag Boyens & Co.

Vor der eindrucksvollen spätgotischen Ziegelfassade des Materialhauses von 1519 in Wöhrden zeigen die Dithmarscher Schwertertänzer ihr Können. Der Schwertertanz geht zurück auf die Zeit der Dithmarscher Republik. In alten Chroniken heißt es: „Ihre Kleidung betreffend, so tragen die Tänzer weiße Hembder mit verschiedenen bunten Bändern allenthalben gezieret und bewunden, und an jedem Beine haben sie eine Schelle hängen, welche nach den Bewegungen der Beine einen angenehmen Schall von sich geben. Der Vortänzer und der, so in der Mitten, tragen nur einen Huth, die übrigen tanzen mit entblößtem Haupt, weil sie auf die beiden ein beständig Augenmerk haben und nach ihren Bewegungen sich in allem richten müssen." Heute gehören die Schwertertänzer zu den Botschaftern Dithmarscher Brauchtums und zeigen, wie lebendig historische Traditionen sind.

Dithmarschen – Land mit republikanischer Tradition

Wenn jemand von sich sagt, daß er Dithmarscher ist, dann will er in der Regel nicht nur sagen, daß er aus Dithmarschen kommt. Vielmehr klingt noch etwas anderes an: Aus Dithmarschen zu kommen, bedeutet etwas anderes, als wenn man aus Angeln, aus Steinburg oder aus Ostholstein stammt. Wer sich als Dithmarscherin oder als Dithmarscher vorstellt, will damit schon gleich etwas von seinem Wesen mitteilen, etwas von seinem Charakter andeuten oder will, daß das Gegenüber etwas mit dem Stichwort „Dithmarschen" verbindet. Eigenständigkeit zumeist und manchmal auch Eigensinnigkeit, republikanisches Bewußtsein zumal, Selbstbewußtsein bestimmt. Dieses Selbstbewußtsein findet seine Wurzeln in der Dithmarscher Geschichte. Und die Geschichte ist in Dithmarschen wahrlich prägend, und es bieten sich noch heute zahlreiche Gelegenheiten, an die eigenständige republikanische Tradition zu erinnern.

Eigenständigkeit ist ein Schlüsselbegriff zum Verständnis der Region. Schon in den Tagen Karls des Großen hatte die Landschaft dieselben Grenzen wie heute – wenn man von den Veränderungen des Verlaufes der Nordseeküste im Westen des Landes einmal absieht. Nach Norden bildet die Eider die Grenze, nach Süden die Elbe. Im Osten wurde das Territorium durch Wasserläufe und Sumpfgebiete so begrenzt, wie heute etwa der Nord-Ostsee-Kanal verläuft. Hier formulierten sich schon früh eigene Gesetzmäßigkeiten.

Seit der Zeit um Christi Geburt begannen die Menschen hier, von der höher gelegenen und daher wassersicheren Geest auf die küstennahen, ungeschützten Niederungen umzusiedeln. Dabei errichteten sie zunächst einzelne Anwesen auf künstlichen Hügeln, den Warften oder Wurten, dann bauten sie dort ganze Siedlungen. Schließlich verbanden sie diese Wurten, mit künstlichen Dämmen, den Deichen. Aus dieser Zeit der permanenten Kraftanstrengung zur Sicherung der eigenen Existenz in einer überaus unwirtlichen, ja extremen Landschaft stammen die sogenannten Geschlechter, die Schutzverbände waren, zu denen sich verschiedene Familien und Sippen zusammenschlossen. Derart genossenschaftlich organisiert, gewannen die Bauern vor allem im 11. und 12. Jahrhundert Deich für Deich neues Marschenland, das sie entwässerten und damit zu fruchtbarem Ackerland machten. Die Geschlechter dehnten sich mit der Zeit auch auf die Geest aus und sollten die Geschichte und das Sozialgefüge Dithmarschens für Jahrhunderte bestimmen.

Parallel zur Marschenkultivierung und in gewisser Konkurrenz zu den Geschlechterverbänden bildeten sich die sogenannten Kirchspiele heraus, die gleichermaßen kirchliche und kommunale Institutionen waren. Im 12. und 13. Jahrhundert entwickelten sie sich zu den eigentlichen Trägern der gestaltenden, politischen Autorität. Adelige konnten in der Region nicht Fuß fassen, die letzten Vertreter dieses Standes, die Reventlows in Windbergen, wurden im 13. Jahrhundert aus dem Landstrich vertrieben. 1227 erhielt der Erzbischof von Bremen seinen Herrschaftsanspruch auf das Gebiet bestätigt, doch faktisch zu bestimmen hatten die Kirchspiele selbst. Noch heute heißen die nach dem Zweiten Weltkrieg in Schleswig-Holstein errichteten Ämter als Verwaltungszusammenschlüsse einzelner Gemeinden in Dithmarschen Kirchspielslandgemeinde. Das Machtgefüge verschob sich von den landesherrlichen Vögten weg zugunsten der Kollegien der Kirchspiele. Seit der Schlacht von Bornhöved im Jahr 1227 beschleunigte sich die Entwicklung des Gemeinwesens hin zur Eigenstaatlichkeit immer mehr. Die Kirchspiele wurden zuständig für die Organisation der Landgewinnung und des Küstenschutzes und waren zugleich die Keimzellen der republikanischen Verfaßtheit. Die existentielle Notwendigkeit der Landsicherung hat sich also auf die politische Ordnung der Landschaft ausgewirkt. Beides bedingte einander.

Wie sonst nur noch in der Schweiz hatte seit der Mitte des 15. Jahrhunderts ein föderativer Staat Gestalt angenommen. Auf der unteren Ebene schlossen sich die Kommunen zu Kirchspielen zusammen. Die Kirchspiele in ihrer Gesamtheit bildeten die Republik, die wiederum in fünf Verwaltungsbezirke, die Döffte, aufgegliedert war. Bei einem kollegialen Führungsgremium, den 48 Richtern und Ratgebern, und mit der Verkündung eines allgemeinen Landesrechtes im Jahre 1447, bei dessen Formulierung die Hamburger Hanseherren beratend zur Seite standen, kann also

THIETMAR-
SIAE, HOL-
SATICAE RE-
GIONIS PAR-
TIS TYPVS.
Auctore
Petro Boeckel.

von einer Republik gesprochen werden. Allerdings hat es nie eine schlagkräftige, mit Autorität ausgestattete Zentralregierung gegeben, die die Angelegenheiten des Landes abschließend hätte regeln können. Die Kirchspiele als föderative Glieder der Republik ließen eine Schmälerung ihrer Kompetenzen nicht zu.

Der formelle Landesherr war nach wie vor der Erzbischof von Bremen. Doch Bremen war weit weg. Die Dithmarscher verstanden es, ihre Verbindung mit dem Kirchenfürsten, wenn es denn erforderlich war, als Alibi einzusetzen, um ansonsten ihren eigenständigen Weg zu gehen. Außenpolitisch gesehen war Dithmarschen weitgehend isoliert. Das Verhältnis zum benachbarten Eiderstedt war gespannt, ebenso belastet waren die Beziehungen zu Hamburg. Die Dithmarscher Bauern hatten die Mündungen von Eider und Elbe unter Kontrolle und auch deshalb versuchten holsteinische Fürsten, sich den Landstrich zu unterwerfen. Erfolglos, denn durch die Insellage galt Dithmarschen lange Zeit als uneinnehmbar.

Ein Priester schildert in einem 1448 geschriebenen und 1557 in Holstein publizierten Bericht, daß es beinahe unmöglich sei, Dithmarschens Küste von der Elbe aus zu erreichen. Da sich die Elbe im Mündungstrichter zur See weite und bei Ebbe das Wasser zweimal täglich ablaufe, würden Schiffe im Schlick liegen bleiben und trockenfallen. Für die Nordgrenze an der Eider gelte dasselbe. Nur von Holstein her gebe es einen Weg, zwischen Sümpfen und Mooren hindurch, auf dem man trockenen Fußes ins Land käme: „Aber die ganze Macht und schier das ganze Herz des Landes ist im Nordstrand, in einem Teil des Kirchspiels Meldorf, nämlich in Oldenwöhrden, Wesselburen, Büsum, Neuenkirchen und Hemme. In diesen Kirchspielen wohnen die Besten, Vornehmsten und Reichsten, und man kann schwer zu ihnen kommen."

Und so ist es nur folgerichtig, wenn sich die feindlichen Angriffe stets in erster Linie gegen den nördlichen Landesteil richteten. 1319 wurden die fürstlichen Aggressoren in Wöhrden von den Dithmarschern geschlagen, 1404 in der Hamme bei Heide nochmals und dann 1500 noch einmal in der legendären Schlacht bei Hemmingstedt, wo die holsteinischen Fürsten mit dem dänischen König einen wichtigen Verbündeten aufbieten konnten. Hier siegte das genossenschaftliche Gemeinwesen über den Fürstenstaat. Die Republik und die in ihr führende Schicht der großen Bauern erlebten im 15. und 16. Jahrhundert ihre Blütezeit. Die Bauern machten Politik, kooperierten selbstbewußt mit den Städten der Hanse, unterhielten gewinnträchtige Handelsbeziehungen, erweiterten das Territorium durch Landgewinnung nach Westen und Urbarmachung im Inneren des Landes.

Die Fürsten allerdings wollten es nicht bei der für sie demütigenden Niederlage belassen. In einem erneuten Feldzug 1559 gelang es ihnen, den militärischen Widerstand der Dithmarscher zu brechen. Nach der „Letzten Fehde" bei Heide mußte sich die Landschaft unterwerfen, und der dänische König sowie die Herzöge von Schleswig und Holstein teilten die Beute unter sich auf. Allerdings gelang es den Dithmarschern in den Kapitulationsverhandlungen durch äußerst geschickte Verhandlungsführung, einige Privilegien für sich herauszuhandeln. Dazu gehörten etwa die Mühlenfreiheit und das Recht auf eigene Beamte. Kriegskosten konnten gemildert und die Errichtung landesherrlicher Schlösser abgewehrt werden. Auch in Steuer-, Erbrechts- und Besitzfragen gelang es, die Bedingungen erträglich zu gestalten.

Unter die Zeit der Republik freilich wurde ein Schlußstrich gezogen. Dithmarschen wurde zunächst in drei, dann ab 1581 in zwei Teile, Norderdithmarschen für den Gottorfer Herzog und Süderdithmarschen für den dänischen König, zerrissen. Von 1773 bis 1864 waren beide Teile eingegliedert in den dänischen Gesamtstaat. 1866/67 wurden sie mit Schleswig-Holstein von Preußen einverleibt. Die Teilung wurde allerdings erst 1970 im Zuge der Kreisreform aufgehoben, Dithmarschen nach über 400 Jahren wieder vereinigt.

Bis in unsere Tage hinein kann die vor 450 Jahren verlorene Freiheit die Gemüter noch erhitzen, wie ein typisches Beispiel zeigt: Vor fünfzig Jahren wählten die Kreistage von Norder- und Süderdithmarschen sich ein über 300 Jahre altes Dithmarscher Wappen zum Sinnbild beider Kreise, einen Reiter mit Schwert. Kritiker sahen darin einen Fehlgriff. Jedes andere Sinnbild wäre nach ihrer Auffassung richtig gewesen, nur der Ritter nicht. Beide Kreistage hätten mit dem gepanzerten Reiter „das Siegeszeichen der Fürsten" zum Kreissymbol erhoben. Es entspann sich eine heftige öffentliche Auseinandersetzung, die darin gipfelte, daß die Kreistage aufgefordert wurden, das „Unterwerfungswappen" abzulegen. Allerdings behielt der zusammengeführte Kreis Dithmarschen das Motiv auch nach 1970 in leicht abgewandelter Form bei, ohne daß gesäte Zweifel ganz ausgeräumt waren. Sollte ausgerechnet ein Panzerreiter der dänischen oder holsteinischen Kavallerie von 1559 oder gar ein Adeliger hoch zu Roß Wappen und Flagge der Region zieren? Das dänische Reichsarchiv in Kopenhagen hat 1998 Klarheit herbeigeführt und schlüssig belegt, daß das Wappen den Heiligen Georg abbildet: Symbol des siegreichen Christentums über das Heidentum. Damit hat das Rätsel seine Lösung und die republikanische Seele ihre Ruhe gefunden. Vorerst jedenfalls.

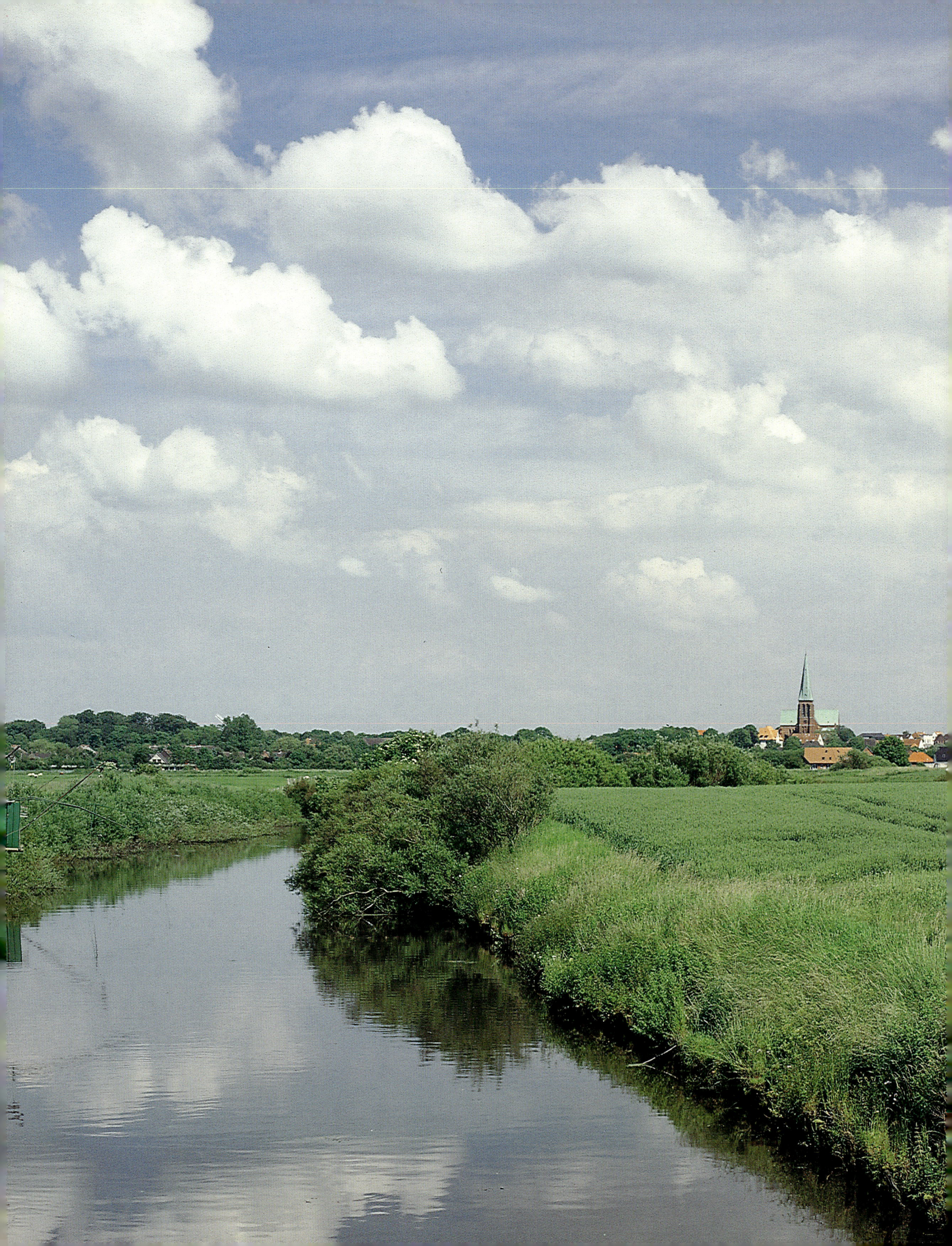

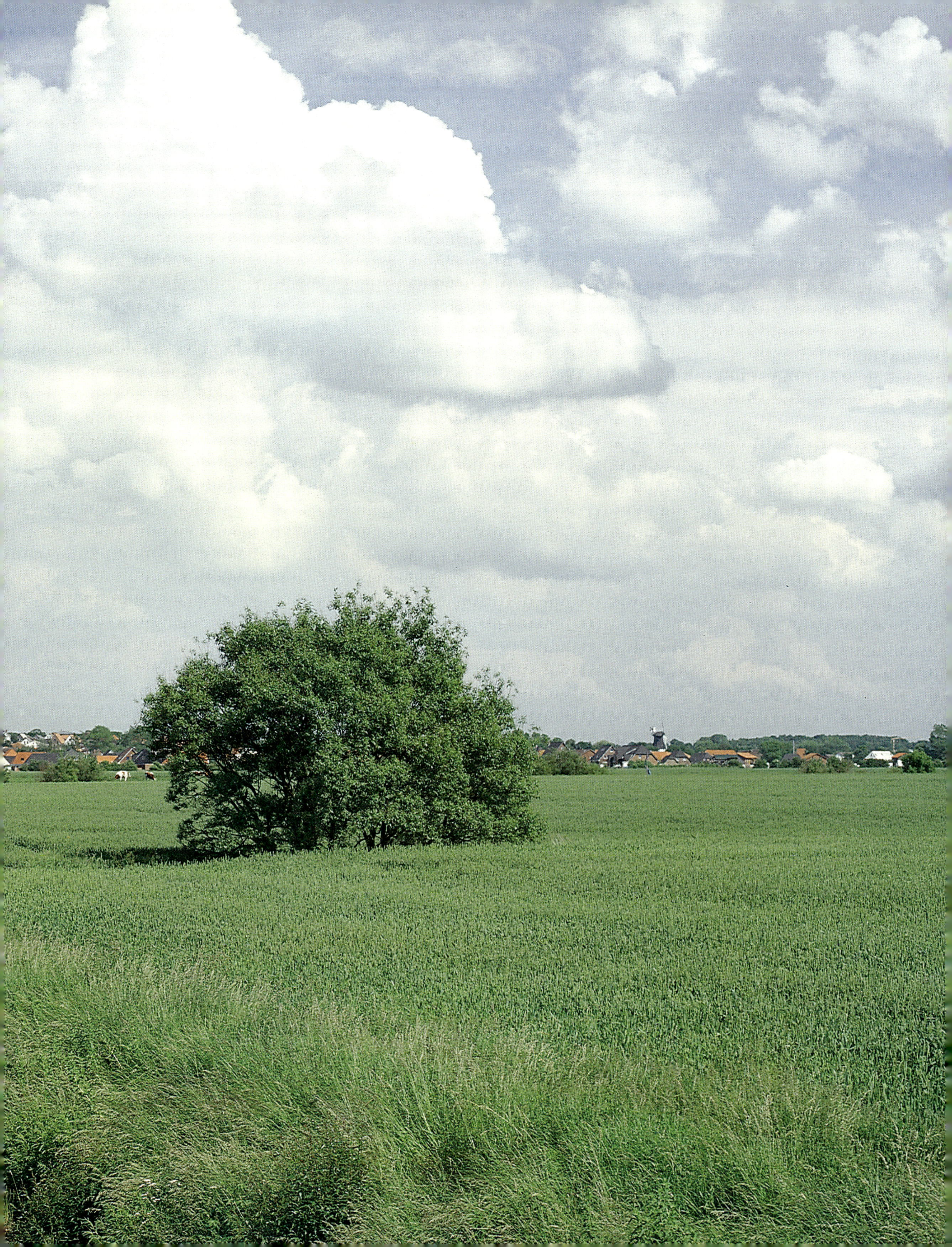

In Meldorf fing alles an

Markant ragt der Turm des Meldorfer Doms aus der Silhouette der Stadt heraus. Er überragt die Landschaft in jeder Beziehung. Erhöht auf einem Geestvorsprung gelegen, stand er bei Baubeginn noch unmittelbar am Wasser und so betrachtet am Rande der bewohnten Welt. Und dennoch markierte der Bau ein Zentrum in spiritueller wie politischer Hinsicht.

Nachdem Karl der Große die Sachsen besiegt hatte und auch Dithmarschen zu seinem Herrschaftsgebiet zählen konnte, brachte er eine neue Religion, das Christentum, in den Norden. Für die neue Religion wurde ein Gotteshaus gebaut, eine Taufkirche für den ganzen Gau. Wie lange die Meldorfer Kirche die einzige blieb und Dithmarschen ein gesamtes Kirchspiel war, ist unbekannt. Unbekannt ist auch, warum gerade Meldorf ausgewählt worden war. Spekulationen gehen davon aus, daß die Mutterkirchen in den neuen nordelbischen Sachsengauen Stormarn, Holstein und Dithmarschen an herausgehobenen Stellen errichtet werden sollten. Möglicherweise hat es hier überhaupt keine Siedlung gegeben, sondern nur eine vorchristliche Kultstätte. Entscheidender Grund für Meldorf dürfte die Lage am Übergang vom Land zum Meer gewesen sein. Das Wasser war damals ein verbindendes Element. Dithmarschens festes Ufer war nur an drei Stellen erreichbar: Im Norden über die Eider bei Lunden, im Süden über die Elbe, Wilster- und Burger Au bei Burg und eben in der Mitte von der Nordsee durch die Miele-Priele bei Meldorf. Meldorf lag unmittelbar am Wasser, von hier aus waren über Landwege die nördlichen, südlichen und östlichen Landesteile gut zu erreichen.

Von Meldorf aus wird dann der neue Gau territorial kirchlich und politisch erschlossen. Für das Jahr 1140 sind, wie Nis R. Nissen zusammenfaßt, neben Meldorf sechs weitere Kirchen überliefert, die sogenannten Urkirchspiele: „Es waren die drei Geestkirchspiele Tellingstedt, das fraglos Zentrum war für die nördliche Geest, Süderhastet, zuständig für die südliche Geest, und Weddingstedt für die küstennahe nördliche Geest wie wahrscheinlich für die davorliegende Marsch bzw. vor der Eindeichung für das Vorland. Das vierte Kirchspiel Lunden liegt auf dem Nehrungsstreifen, der Marsch und Moor im nördlichen Dithmarschen trennt, und dürfte für alle Siedlungen im Umkreis, Marsch, Nehrung, Eiderniederung, zuständig gewesen sein. Büsum, das fünfte Kirchspiel, war damals noch eine Insel. Sie besaß also ihre eigene Kirche. Schließlich wird noch ein Uthaven genannt. Es ist nicht eindeutig lokalisierbar, wird aber gern mit Brunsbüttel identifiziert, weil es dann ein so schönes Verteilungsschema ergibt: Brunsbüttel für die südliche Marsch, wie Lunden für die nördliche, dazu das Insel-Kirchspiel Büsum und die Gotteshäuser der Geest, wobei Meldorf nur noch für den Mittelteil zuständig blieb."

Meldorf war also seit frühester Zeit Orientierungspunkt für ganz Dithmarschen. Hier sollte im 13. Jahrhundert ein prächtiger Kirchenneubau entstehen. Sicherlich mit dem Segen des Bremer Erzbischofs, dem Dithmarschen seit 1227 unterstand, mögen hier die Repräsentanten des immer mehr Gestalt annehmenden Gemeinwesens ihrem Selbstbewußtsein und Selbständigkeitsanspruch Ausdruck gegeben haben. Heute präsentiert sich der Dom äußerlich als neugotisches Gebäude aus der zweiten Hälfte des 19. Jahrhunderts. Im Innern aber ist die Architektur der Gotik etwa aus den Jahren 1250 bis 1300 original erhalten. Einzigartig sind die in den Gewölben der Vierung und des Querschiffs bewahrten mittelalterlichen Wandmalereien aus dem 13. Jahrhundert. Im Gewölbe des Nordquerhauses ist in konzentrischen Kreisen die Schöpfungs- und Christusgeschichte dargestellt. In den Gewölben des Südquerhauses sind Heiligenzyklen fragmentisch erhalten, deren Heilige als Schutzheilige der Schiffer und Seefahrer gelten. Zu erkennen sind etwa der heilige Christopherus, der das Christuskind durch das Wasser trägt, und der heilige Nikolaus, der das tosende Meer besänftigt. Diese Malereien verweisen auf die Rolle Meldorfs als Hauptort des ländlichen Kirchspielsbundes Dithmarschen, dessen Bauern zugleich auf Handel und Schiffahrt angewiesen waren, um ihre Produkte auf größere Märkte bringen zu können. Späterhin haben wohlhabende Bauern selbst Schiffe oder Schiffsanteile besessen.

Wenn bisher wie selbstverständlich davon gesprochen wurde, daß es sich bei dieser imposanten Kirche, die an der Westküste ihresgleichen nicht findet, um den Dom der Dithmarscher, handelt, so ist das plausibel, aber nicht richtig. Bischofssitz ist Meldorf nie gewesen. Meldorf war aber Hauptort der Republik, die sich aus der Gesamtheit der Kirchspiele zusammensetzte. In der Mitte des 15. Jahrhunderts gab es einen innerdithmarsischen Streit über das Verhältnis, das die Republik zu Hamburg einnehmen sollte. Meldorf schlug sich zu spät auf die richtige Seite. Die Treffen der entscheidenden Kirchspielsvertreter fanden ab 1434 in einem bis dahin unbedeutenden Heidedorf statt und in deren Folge trat ab 1447 auch die Landesversammlung „auf der Heide" zusammen. Meldorf hatte seine zentrale politische Rolle verspielt, als die hundertjährige Glanzzeit der Republik begann.

Geistiges Zentrum ist es gleichwohl, auch des Domes wegen, geblieben. Hier wirkte nach 1520 ein Schüler Martin Luthers als Prediger. Nikolaus Boie war es, der die Reformation in Dithmarschen beförderte und Luthers Freund Heinrich von Zütphen einlud, in Dithmarschen zu sprechen. Für Zütphen endete dieser Auftrag mit dem Tod, aber er und Boie waren Vorboten eines veränderten Glaubens und einer neuen Zeit, die schließlich dazu führten, daß Dithmarschen ab 1533 die lutherische Reformation einführte.

Nach der Reformation von 1533 forderte der erste Propst Nikolaus Boie vehement die Gründung einer Lateinschule, die Schulorganisation sollte ganz im Sinne Martin Luthers nicht mehr eine rein kirchliche Angelegenheit, sondern auch eine Angelegenheit des Staates sein. Die Klöster der Franziskaner in Lunden und der Dominikaner in Meldorf wurden aufgelöst, notwendiges Kapital stand für eine neue Schule also zur Verfügung. Ab 1540 konnten hier die Söhne der politischen Führungsschicht auf die Universität vorbereitet werden. Auf die Wurzeln der nachreformatorischen Lateinschule geht das heutige Meldorfer Gymnasium, die Gelehrtenschule, zurück. Daß die Lateinschule damals nicht für jedermann offen stand, kann nicht überraschen: für die Zeit sowieso nicht, und auch in Dithmarschen nicht, das ja keine Demokratie war, wie manchmal zu lesen, in der alle Bürger – und Bürgerinnen! – gleiche Rechte gehabt hätten. Dithmarschen war ein genossenschaftlich organisierter republikanischer Bund, das heißt, ohne Fürsten als Landesherrn. Die regierenden 48 Herren gingen aber nicht aus Wahlen hervor, sondern wurden von den Kirchspielen auf Lebenszeit delegiert.

Seit wann Meldorf eigentlich mit Stadtrechten ausgestattet war, ist unbekannt. Ein Vertrag, den Meldorf 1265 mit Hamburg abschloß, ist jedenfalls bereits mit dem Siegel einer Stadt, dem „Sigillum civitatis Meldorp" bekräftigt. Nach der „Letzten Fehde" 1559, als Dithmarschen die Eigenstaatlichkeit verlor und aufgeteilt wurde, verlor Meldorf auch seine Stadtrechte und sollte sie erst 1869 zurückerlangen. Der Flecken Meldorf gehörte nun zu Süderdithmarschen, hier nahm der Landvogt seinen Dienstsitz.

Diesem Umstand verdankt die Region, daß im 18. Jahrhundert von hier aus wieder besondere geistige Impulse ausgesandt wurden: Als Königlicher Landvogt kam 1781 Heinrich Christian Boie (1744–1806), sein Vater war einst Pastor in Meldorf, in den Flecken, seinerzeit mit etwa 400 zumeist mit Stroh gedeckten Häusern und weniger als 2000 Einwohnern nicht eben groß. Boie hatte der Familientradition gehorchend, Theologie studiert, wechselte dann ins juristische Fach. Er verdiente sich sein Geld als Hauslehrer, erwarb sich aber vor allem einen Platz in der Literaturgeschichte als Herausgeber, Redakteur und Literaturvermittler. Der „Göttinger Musenalmanach" war seine Erfindung, er stand mit den Geistesgrößen seiner Zeit, mit Goethe und Schiller, mit Wieland, Herder und Klopstock in Verbindung. Berühmt ist auch der studentische Zirkel, dem Boie mit seinem künftigen Schwager Johann Heinrich Voß angehörte, der „Göttinger Hain". Als er eine Anstellung in seinem Vaterland suchte, fand er sie in Meldorf. Neben seinen Amtsgeschäften als Landvogt widmete er sich weiter der Literatur – als Glück seiner „Nebenstunden". Von Meldorf aus publizierte er seine literarischen Zeitschriften.

Sieben Jahre nach Boie trat 1778 ein weiterer gelehrter Mann ein Amt in Meldorf an: Der berühmte Arabienreisende Carsten Niebuhr (1733–1815) erhielt das vor allem für die Hebung der Steuern zuständige Amt des Landschreibers von Süderdithmarschen. Auch Niebuhr war wissenschaftlich und literarisch interessiert und pflegte mit Boie nicht nur diestlichen, sondern auch freundschaftlichen Umgang.

Bis in den Beginn des 19. Jahrhunderts hinein scheint Meldorf in eine Art Dämmerschlaf verfallen zu sein. Zeitgenossen, die den Ort bereisten, gaben wenig eindrucksvolle Erinnerungen zu Protokoll. Es heißt 1807 etwa: „Wir übernachteten in Meldorf, einem an sich unbedeutenden und schmutzigen, aber mit guten Gemüse- und Obstgärten versehenen Orte..." oder 1831: „Den Flecken fand ich bei weitem weniger reizend als Heide, wogegen die Lage unmittelbar an der Marsch es um so mehr ist: Der Bau- und Verschönerungsgeist, der in den späteren Jahren in allen Städten und Flecken so ungewöhnlich tätig gewesen ist, hat er hier auch nicht auf die entfernteste Weise gezeigt. Eher scheint man den Gartenbau lieb gewonnen und Lust zum Baumpflanzen bekommen zu haben."

Erst gegen Ende des 19. Jahrhunderts hat es in Meldorf einen neuen Entwicklungsschub gegeben, die städtische Infrastruktur und das Stadtbild wurden renoviert und die eigene Geschichte wurde selbstbewußt präsentiert: in Museen, Festen und Umzügen. Nach der Zusammenlegung beider Dithmarschen im Jahr 1970 fiel die Wahl der gemeinsamen Kreisstadt auf Heide. Meldorf konnte an seine Tradition als frühes politisches Zentrum Dithmarschens nicht mehr anknüpfen. Der Rolle als kulturellem Hauptort der Landschaft wird es aber bis heute gerecht, und der „Bau- und Verschönerungsgeist" hat am Ende des 20. Jahrhunderts manches aufgeholt.

Verwinkelte Gassen, niedrige Häuser und die noch erkennbare mittelalterliche Siedlungsstruktur im Meldorfer Burgviertel erinnern an die Atmosphäre im alten Hauptort der Dithmarscher Republik. Der Turm der Meldorfer Kirche, des Doms der Dithmarscher, ist nicht zu übersehen. Er überragt die Stadt Meldorf und markiert von landschaftlich herausgehobener Lage einen Orientierungspunkt. Hier von der Meldorfer Kirche aus nahm die Geschichte des alten Dithmarschen ihren Ausgang.

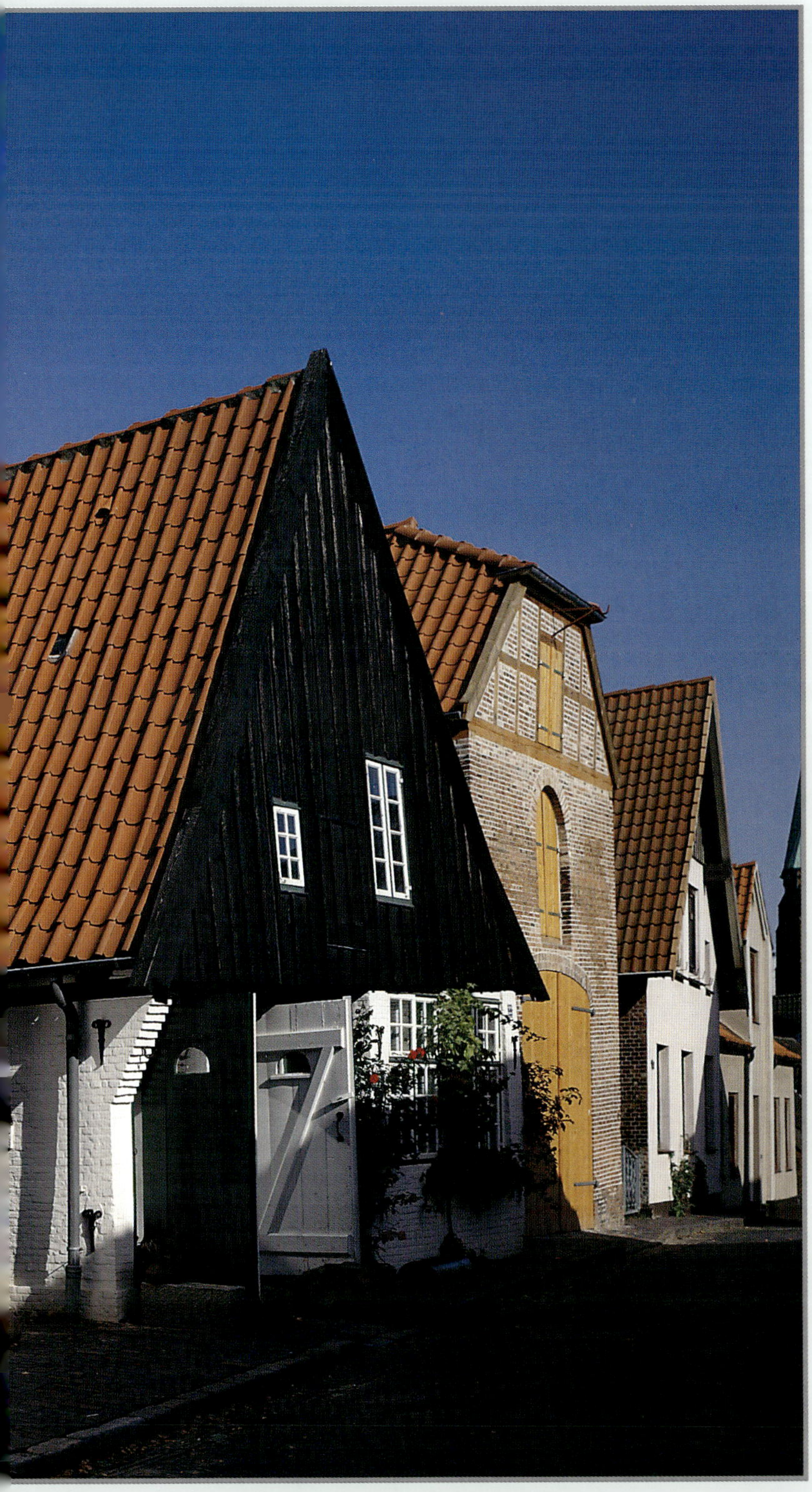

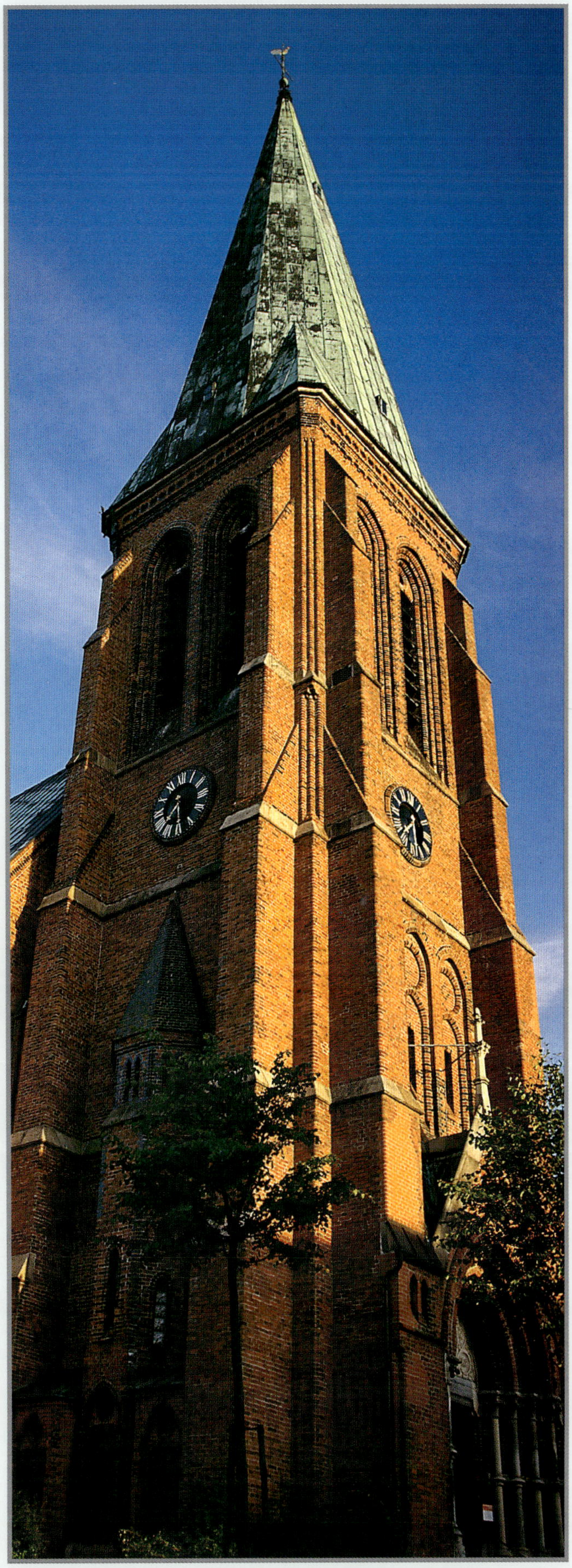

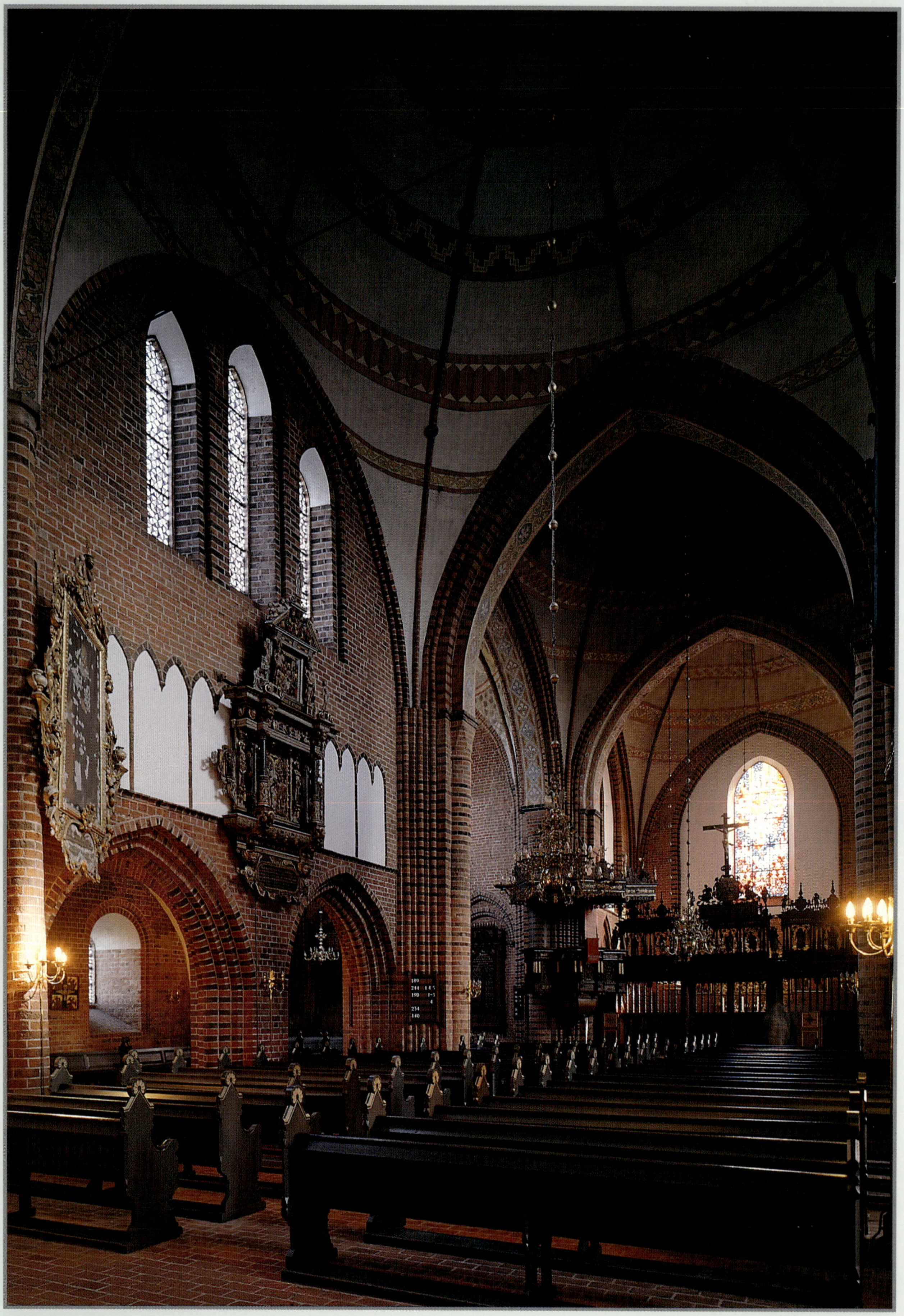

Aufwendig im Detail, prächtig im Innern. Die einzige Stadt der Republik errichtete in ihren Mauern ein repräsentatives Bauwerk, das an der schleswig-holsteinischen Westküste nicht seinesgleichen hat. Selbstbewußt nahmen die Dithmarscher, als sie ihrer Hauptkirche ein neues Gesicht gaben, Maß am Hamburger Dom. Hier im Innern ist die Architektur der Gotik aus dem 13. Jahrhundert original erhalten. Der Eindruck des Kirchenraumes wird durch die hohen Gewölbe des Hauptschiffes bestimmt. Die Ausstattung des Gotteshauses, Teile des Chorgestühles, der Taufkessel aus dem 13. Jahrhundert, die Kanzel von 1601 und das Chorgitter von 1602/03 geben einen beredten Eindruck von der Wohlhabenheit der Landschaft.

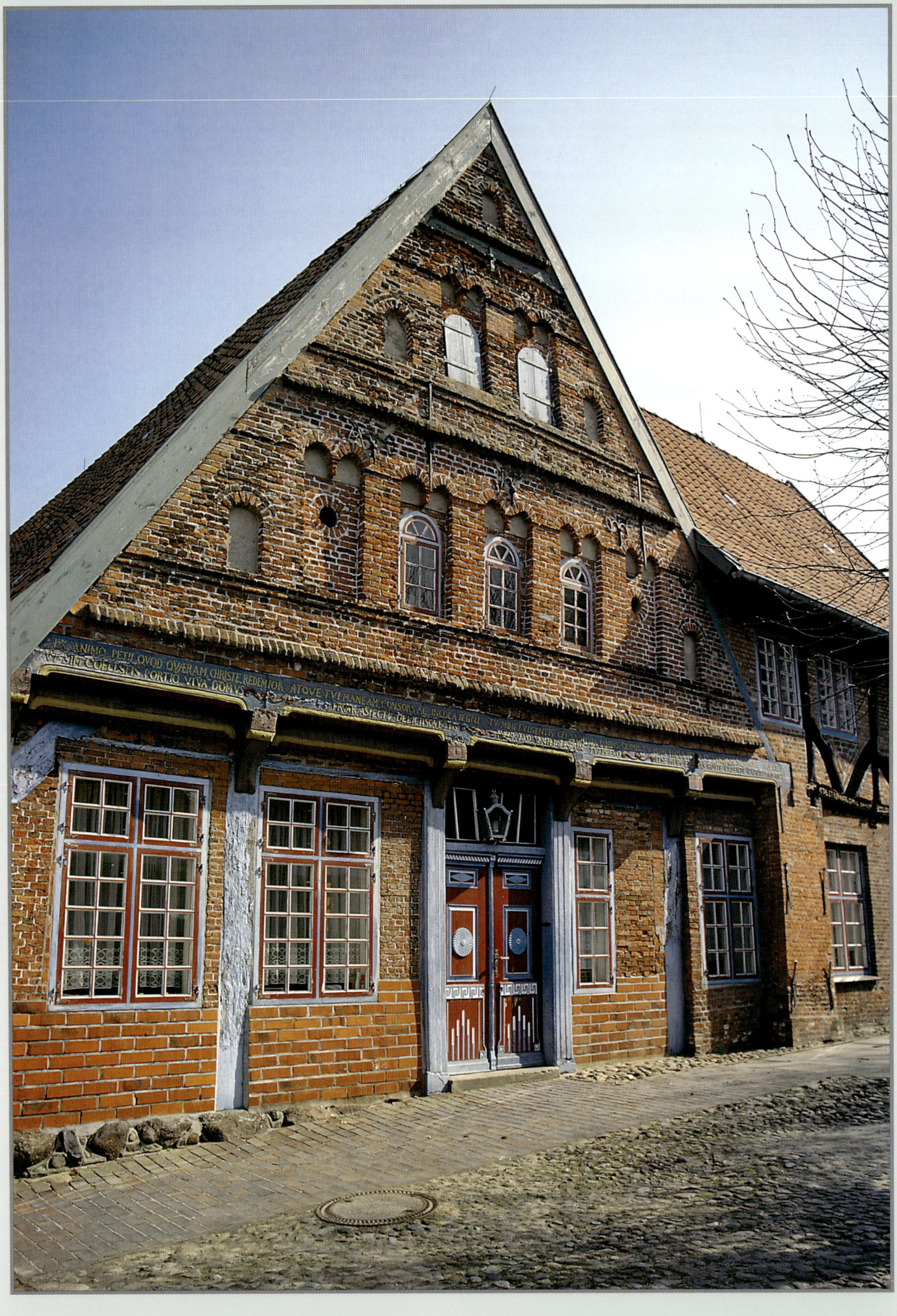

Aus dem Jahr 1601 ist die Ziegelfassade des alten Pfarrhauses mit langen geschnitzten Inschriftenbalken erhalten geblieben. „Du bist für mich ein Fels und verläßlicher Boden des Trostes. Rette du selbst mein Haupt, aber vernichte den Feind!" heißt es dort.
Meldorf als altes Zentrum der Republik ist heute Kulturhauptstadt Dithmarschens. Das Dithmarscher Landesmuseum präsentiert sich in einem eigens für Museumszwecke vom Kieler Architekten Wilhelm Voigt 1893/94 erbauten Gebäude. Es wurde parallel zur benachbarten Gelehrtenschule plaziert, die 1859 im damals modernen Stil gebaut ist: mit Zement, der extra aus England eingeführt werden mußte. Die Gelehrtenschule ging nach der Reformation Dithmarschens im Jahr 1533 als Lateinschule aus dem ehemaligen Meldorfer Dominikanerkloster hervor. Heute ist das Gebäude Teil des Museums.

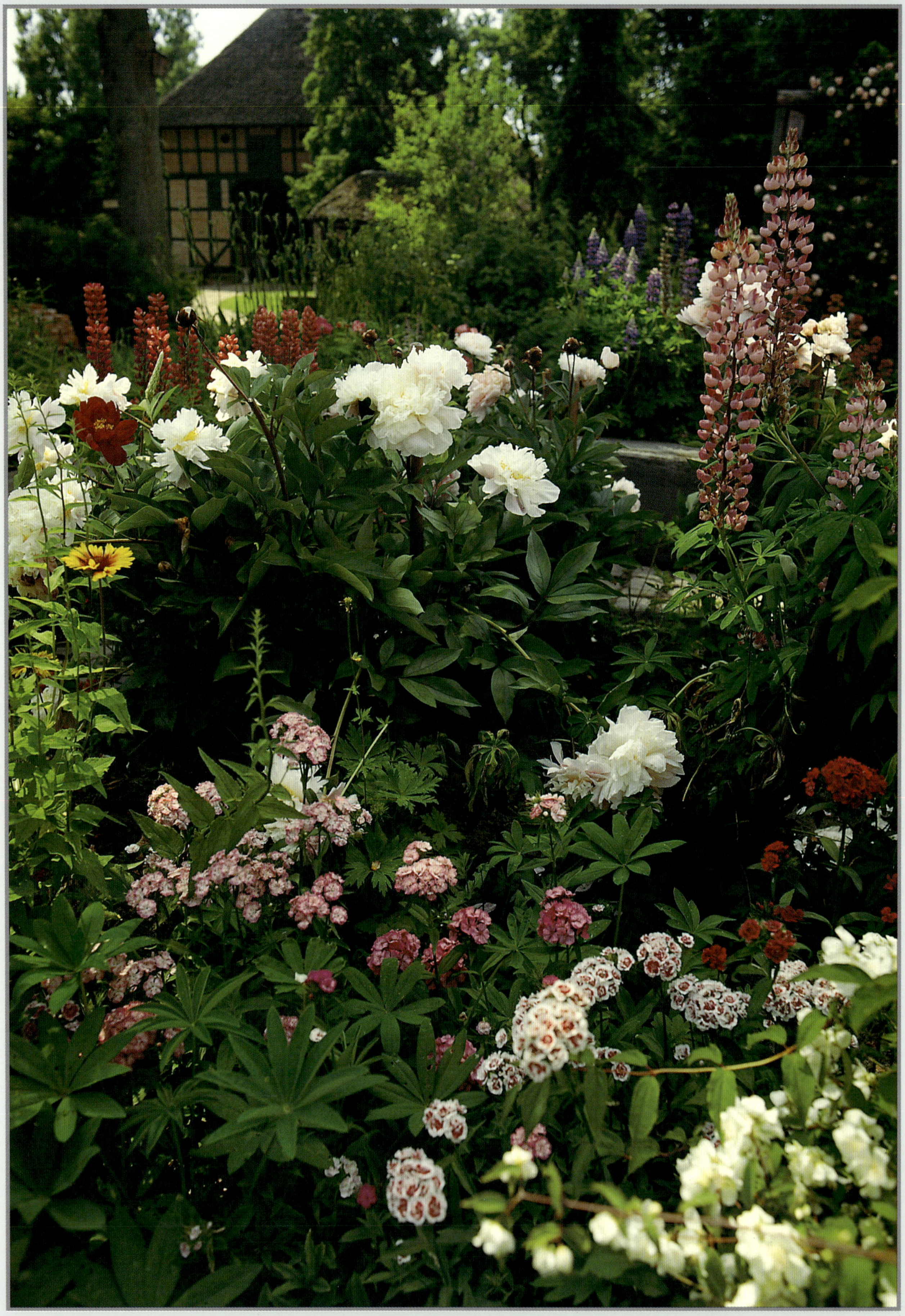

In einem niederdeutschen Bauernhaus aus dem 17. Jahrhundert werden in Meldorf auch Zeugnisse vorindustrieller Bauernkultur vorgestellt. In Meldorf, so notierte ein Reisender zu Anfang des 19. Jahrhunderts, habe „man den Gartenbau lieb gewonnen und Lust zum Baumpflanzen bekommen..." Am Landwirtschaftsmuseum, das die Veränderungen in der Landwirtschaft durch die Industrialisierung vor Augen führt, beweisen Bauerngärten, Gärten mit alten Obstsorten und ein Rosengarten mit alten Arten, daß man den Gartenbau hier noch immer lieb hat.

Austernfischer erinnern daran, daß Meldorf am Meer liegt. Heute zwar nicht mehr so unmittelbar wie von den Anfängen bis zum Ende des 16. Jahrhunderts. Der 1979 fertiggestellte neue Dithmarscher Speicherkoog hat die Deichlinie knapp fünf Kilometer weiter nach Westen verschoben. Aber mit dem neuen Koog hat Meldorf auch einen neuen Hafen bekommen, der der Sportschiffahrt zur Verfügung steht.

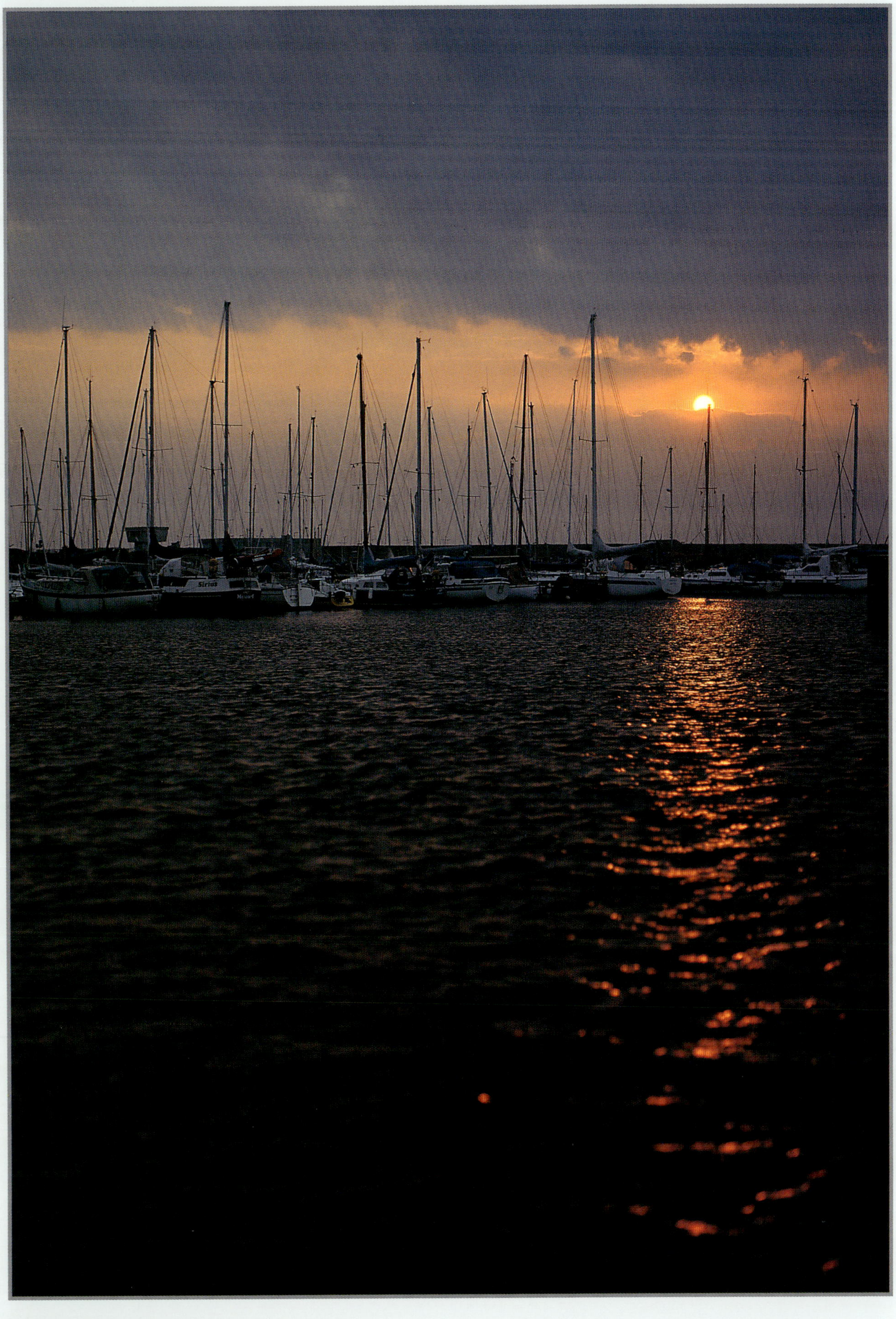

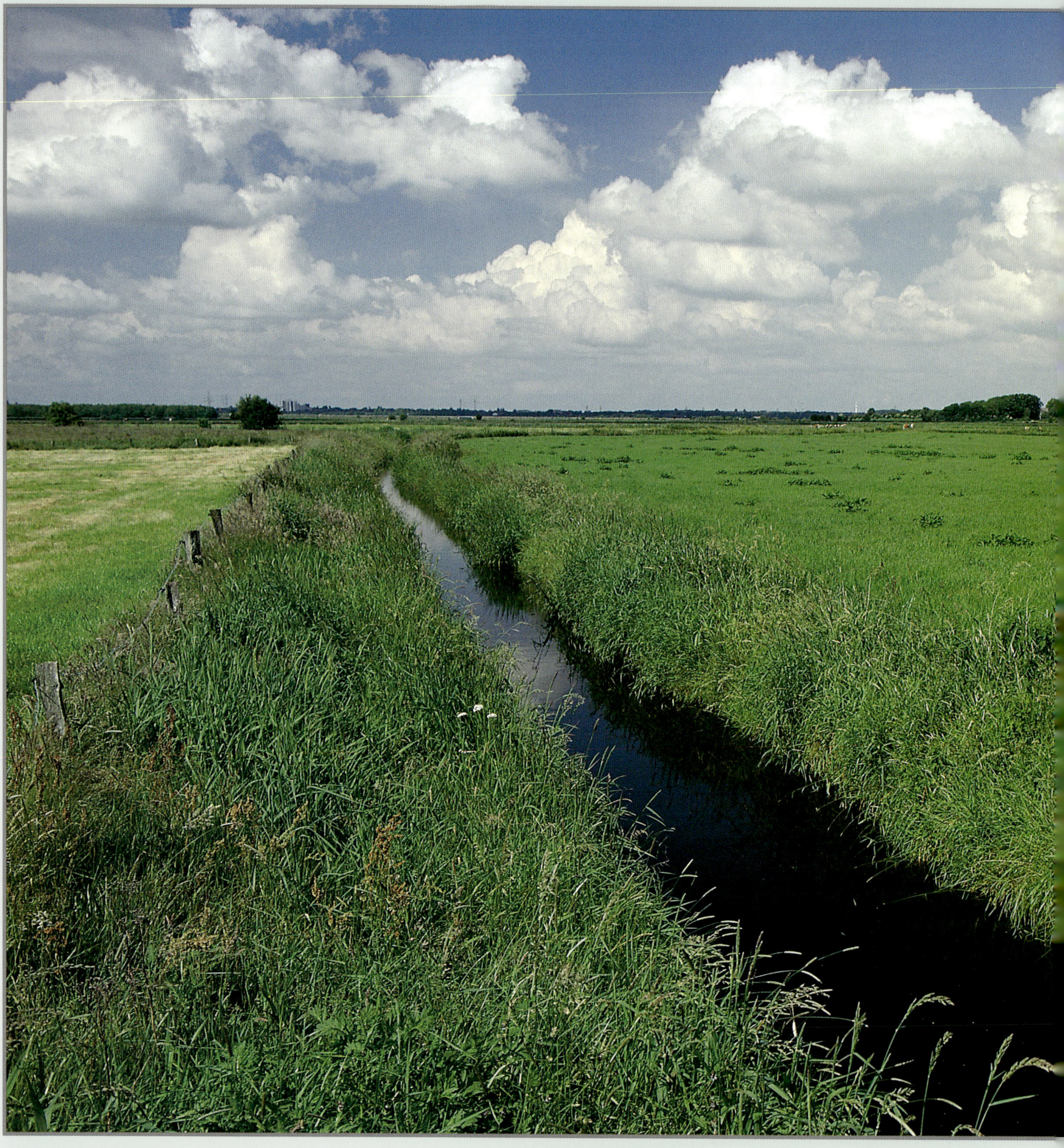

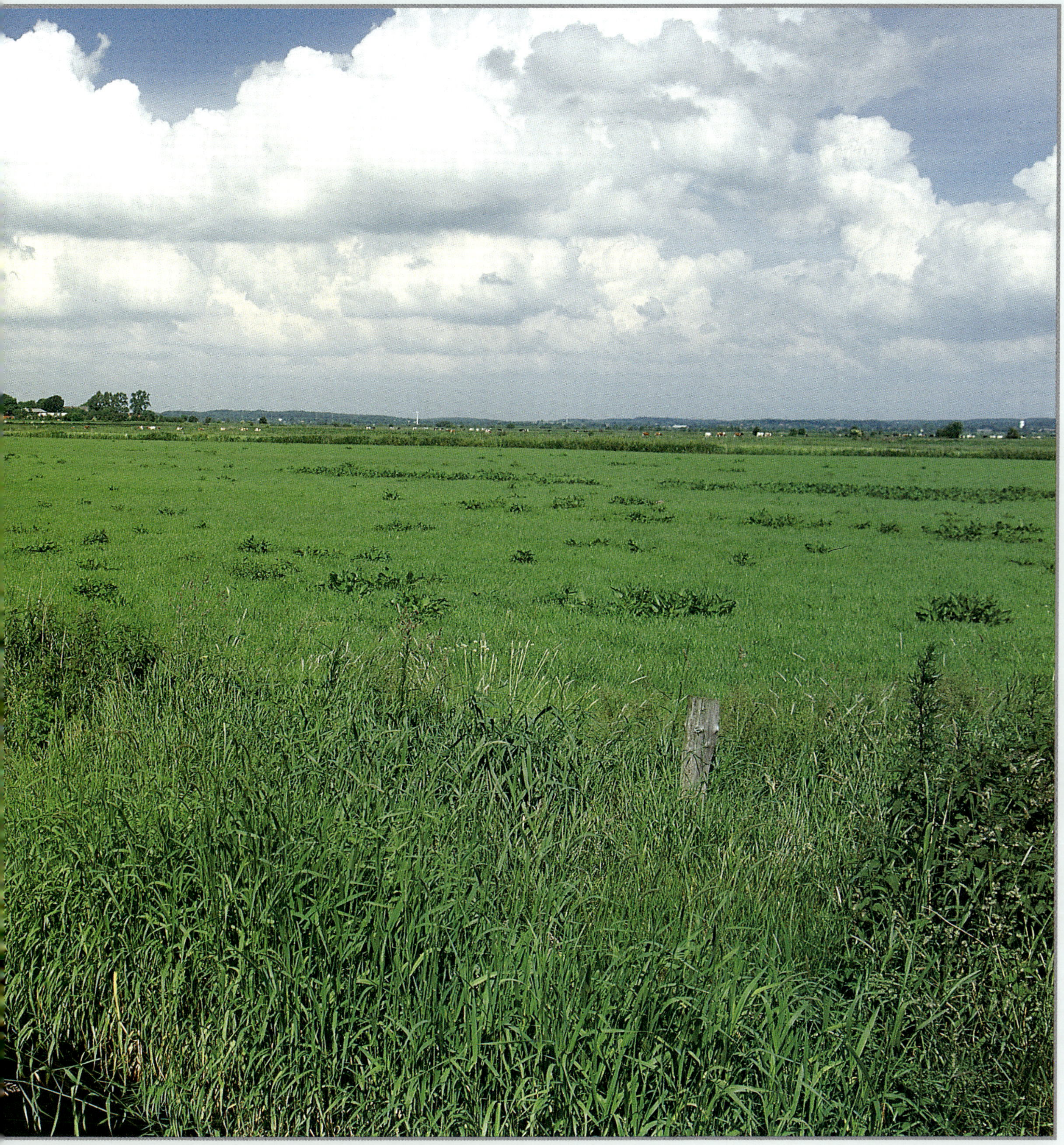

Von Kämpfen, Fehden und Schlachten

Die Landschaft nördlich von Meldorf ist ein ebenes Marschgebiet. In weiterer Entfernung sieht man einzelne Gehöfte liegen. Links und rechts der Wege sind tiefe Gräben angelegt, um die Marsch zu entwässern. Das ist heute nicht anders als vor 500 Jahren, als König Hans von Dänemark und sein Bruder Friedrich, Herzog von Schleswig und Holstein, in Dithmarschen eingefallen waren und Meldorf ohne nennenswerten Widerstand eingenommen hatten.

Die Republik Dithmarschen verfügte über keine Zentralregierung, die in Zeiten der ernsthaften Bedrohung die Geschicke des Landes in die Hand genommen und den militärischen Oberbefehl gehabt hätte. König Hans und Herzog Friedrich hatten sich Verstärkung mitgebracht. Adelige aus norddeutschen Territorien von Ostfriesland bis Pommern unterstützten die Brüder mit Truppenkontingenten. Dazu hatte König Hans die „Schwarze Garde" engagiert, eine kampferprobte Söldnertruppe von 4000 Mann unter dem Kommando des Junkers Slentz – sie galt als die gefährlichste Berufstruppe in Europa. Insgesamt war eine Streitmacht von etwa 12 000 Mann mit Landsknechtspießen, Schwertern und Streitäxten, Armbrüsten, Feuerbüchsen und Artillerie in Dithmarschen eingefallen. Die Bauern konnten 6000 bis 7000 Mann unter Waffen aufbieten – in Ausrüstung und Bewaffnung den Invasoren ebenbürtig. Nur war von nennenswerter Gegenwehr nichts zu spüren. War das die alte Taktik, das angreifende Heer weit in das eigene Territorium hereinzulassen, oder war das die Folge eines eklatanten Fehlens eines militärischen Oberkommandos? Nach der Besetzung Meldorfs wähnte sich die Fürstenmacht im Besitz des ganzen Landes. Und über die Dithmarscher schreibt der Chronist Neocorus: „De Dithmarschen averst legen in den Marschorden bieinander, wehren ehren Rades nicht einig."

Der König befahl für den 17. Februar 1500 den Abmarsch aus Meldorf in Richtung Norden, die Fürsten stellten sich keinen Feldzug mit Kämpfen mehr vor, sondern einen Demonstrationszug durch die besiegt erscheinende Republik. Zwischenzeitlich wirkte vor allem eine Figur in den Reihen der Dithmarscher: „Wulf Isebrandt füllte das Führungs-Vakuum aus und entwickelte mit Entschluß- und Durchsetzungskraft eine Verteidigungsstrategie. Zwischen Epenwöhrden und Hemmingstedt wurde eine Schanze aufgeworfen, die den Landweg nach Norden blockieren sollte. Siele in den Deichen wurden geöffnet, um die Gräben in der Marsch unter Wasser zu setzen. Zwischenzeitlich hatte auch Tauwetter eingesetzt und die unbefestigten Wege aufgeweicht.

Der Zug der Fürsten mit der „Schwarzen Garde" an der Spitze stand unerwartet vor einer Schanze, von der aus die Dithmarscher den Angriff wagten, den Schlachtruf „Maria hilft" auf den Lippen. Die tiefen Gräben links und rechts des Weges hatten sich mit Wasser gefüllt, der bewaffnete Lindwurm war so an den Seiten bewegungsunfähig, und von hinten drängten die Artillerie und der begleitende Troß nach. Die Dithmarscher, nun strömten immer mehr bewaffnete Landesverteidiger auf das Schlachtfeld, griffen Garde und Fürstenheer nicht nur von der Schanze aus an, sondern, ausgestattet mit Springstöcken, auch von den Flanken. Tausende Soldaten verloren in einem grausamen Gemetzel ihr Leben, das Heer der Invasoren mußte sich geschlagen geben. Auch die berüchtigte „Schwarze Garde", der der drohende Schlachtruf „Wahr di Bur, de Gahr de kümt" zugesprochen wird, war besiegt. Die Dithmarscher erbeuteten im Siegestaumel Waffen und Pferde, Lebensmittel und Geld, Fahnen und Geschütze und kamen gar nicht auf den Gedanken, den flüchtenden Landsknechten und Fürsten nachzujagen. Viele erschlagene Fußknechte sind noch auf dem Schlachtfeld begraben worden, viele Adelige blieben liegen, wie es heißt: „nackt und geplündert im Morast . . ., ein raub für Raben und Hunde."

Die Katastrophe des dänischen Königs und des Herzogs von Schleswig und Holstein war total. Die freien Dithmarscher Bauern hatten erneut einen Angriff des Adels abgewehrt. Mit schlauer List, die Angreifer auch mit den Naturgewalten zu schlagen, war sogar die grausame „Schwarze Garde" besiegt worden. Nun hieß es „Wahr die Gahr, de Bur de kümt." Eine Jungfrau soll auf der Schanze die Fahne der Republik hoch gehalten haben. David hatte in der matschigen Marsch gegen den geharnischten Goliath gesiegt. In Windeseile verbreitete sich diese Nachricht in Nordeuropa, Lieder und Heldengeschichten glorifizierten die siegreichen Bauernkrieger bis in das 20. Jahrhundert hinein.

Waren die Dithmarscher vorher schon selbstbewußt, nach Hemmingstedt, nach dem 17. Februar 1500, waren sie Helden.

Diese große Zeit der Republik währte noch zwei Generationen. Im Jahre 1559 verbündeten sich Herzog Adolf von Gottorf, sein Bruder Herzog Johann von Hadersleben und sein Neffe, der dänische

König Friedrich II. zu einem erneuten Kriegszug gegen die Republik. Die Fürsten wollten die Scharte von 1500 auswetzen und die Kriegsbeute schien nach der Blüte, die die Republik nach dem Sieg von Hemmingstedt auch wirtschaftlich erlebte, um so verlockender. Auch die strategische Lage Dithmarschens an der Elbmündung war für den Gottorfer ein Grund, seine Hand nach Westen auszustrecken. Die Fürsten musterten zusätzlich zu ihren Truppen Söldner in Norddeutschland an, das Oberkommando über die fast 18 000 Mann unter Waffen lag bei Johann Rantzau. Auf Dithmarscher Seite mögen etwa 12 000 waffenfähige Bauern aufzubieten gewesen sein. Rantzaus Ziel war es, zwischen Hademarschen und Albersdorf, Dithmarschens einzige wegbare Verbindung zu Holstein, einzumarschieren, den Stoß gegen Meldorf zu führen und so den Südteil Dithmarschens vom Norden abzutrennen.

Am 3. Juni 1559 frühmorgens waren drei Kampfgruppen vor Meldorf aufmarschiert, das von Osten her mit schwerer Artillerie beschossen wurde. Von Norden her bedrängten Sturmtruppen die Stadt. Dithmarscher Truppen, die vom Südstrand her nach Meldorf zur Unterstützung herbeieilten, wurden von der fürstlichen Reiterei abgedrängt. Meldorf fiel, Reiterei und Fußtruppen wüteten in der Stadt. Brunsbüttel im Süden nahmen die Angreifer in die Zange, die Süderdithmarscher boten am 8. Juni ihre Unterwerfung an. Wie in früheren Jahren fehlte wieder ein militärisches Oberkommando der Dithmarscher, die einzelnen Landesteile blieben auf sich allein gestellt.

Rantzau ließ die fürstlichen Truppen nun wieder nach Norden marschieren. Die Verteidiger hatten sich zwischenzeitlich wieder bei Hemmingstedt versammelt und dort eine Schanze aufgeworfen. Es scheint, als wollten sie das Kriegsglück von 1500 durch die Wahl des Ortes und der damals erfolgreichen Kriegslist herbeizwingen. Rantzau ließ dort einige Scheinangriffe reiten, umging den dort massierten Feind allerdings und griff Heide an. Nun standen die fürstlichen Soldaten im Rücken des Dithmarscher Heeres, „das immer noch in stattlicher Zahl bei der Hemmingstedter Schanze lag", so Reimer Witt, „und gleichsam durch die früheren Erfolge geblendet wie hypnotisiert nach Süden starrte und auf den Feind wartete."

Um Heide wurde ein erbitterter Kampf geführt, die Dithmarscher erhielten nun nach und nach Verstärkung aus Hemmingstedt. Am Abend des 13. Juni hatten Rantzaus Truppen dann den Hauptort der Dithmarscher besetzt, steckten ihn in Brand und zogen sich wieder zurück. Am Abend des nächsten Tages machte sich eine Delegation der Bauern in das fürstliche Lager auf, um ein Friedensangebot zu unterbreiten. Die „Letzte Fehde" der Republik war geschlagen. Nun kam es darauf an, soviel wie möglich von der Freiheit zu retten.

Eine Kuh, die man melken will, kann man nicht schlachten. So mögen die fürstlichen Verhandlungsführer gedacht haben und waren deshalb nicht auf einen Diktat-Frieden aus. Sie wollten Einkünfte aus der wohlhabenden Gegend erzielen, und deshalb mußte die Landwirtschaft intakt bleiben. Die Dithmarscher waren allerdings geschickte Diplomaten, die viele Jahrzehnte ihre eigenen Angelegenheiten im Reich vertreten hatten. Sie durchschauten das Interesse der Fürsten, und nach zähen Verhandlungen einigte man sich auf Kapitulationsbedingungen, die einen großen Teil der Dithmarscher Freiheit unangetastet ließen.

Kriegsentschädigung mußte nicht gezahlt werden. Schlösser und Burgen mit dazugehörendem Frondienst sollten nicht errichtet werden. Soldaten kamen nicht ins Land. Grundbesitz mußte nicht abgegeben werden. Auch handelten die Dithmarscher sich ein Recht auf landeseigene Beamte aus. Das bedeutete, daß die Statthalter von König und Herzögen, Landvögte und Kirchspielsvögte, nicht aus Kopenhagen oder Gottorf kamen, sondern aus der eigenen Landschaft stammten. „In allen Teilen Dithmarschens", so Nis R. Nissen, „wirkten neben den beamteten Vögten vermögende Landesbewohner mit bei der Rechtsprechung, Besteuerung und Wahrnehmung anderer Verwaltungsaufgaben. Diese „Gevollmächtigten" (auch „Vollmacht" genannt) wirkten in den Kirchspielen und bei den Landesversammlungen in Heide und Meldorf."

Bei allen Erleichterungen, die sich noch erreichen ließen, blieb ihnen eine Demütigung nicht erspart. Am 19. Juni hatten die Dithmarscher am frühen Vormittag samt ihren Waffen, Geschützen und Harnischen zwischen Lohe und Rickelshof zu erscheinen. Dort mußten die Waffen abgeliefert werden. Die Verlierer hatten sich im Kreis um die Herzöge Adolf von Gottorf und Johann von Hadersleben und um Johann Rantzau als Repräsentanten des abgereisten Königs aufzustellen. Dann wurden sie selbst von fürstlicher Reiterei umstellt und hatten, entblößten Hauptes, auf die Knie zu fallen und den Huldigungseid zu leisten. Und zu allem Überfluß höhnte Herzog Adolf: „Geht nun nach Haus und eßt etwas warmen Kohl."

Dithmarschen wurde unter den drei Siegern aufgeteilt. 1580 dann starb Herzog Johann von Hadersleben. So kam die Zweiteilung zustande: Norderdithmarschen wurde zunächst von Lunden, dann von Heide aus regiert und dem Herzog von Gottorf zugeschlagen, Süderdithmarschen ging an den König von Dänemark, sein Landvogt saß in Meldorf.

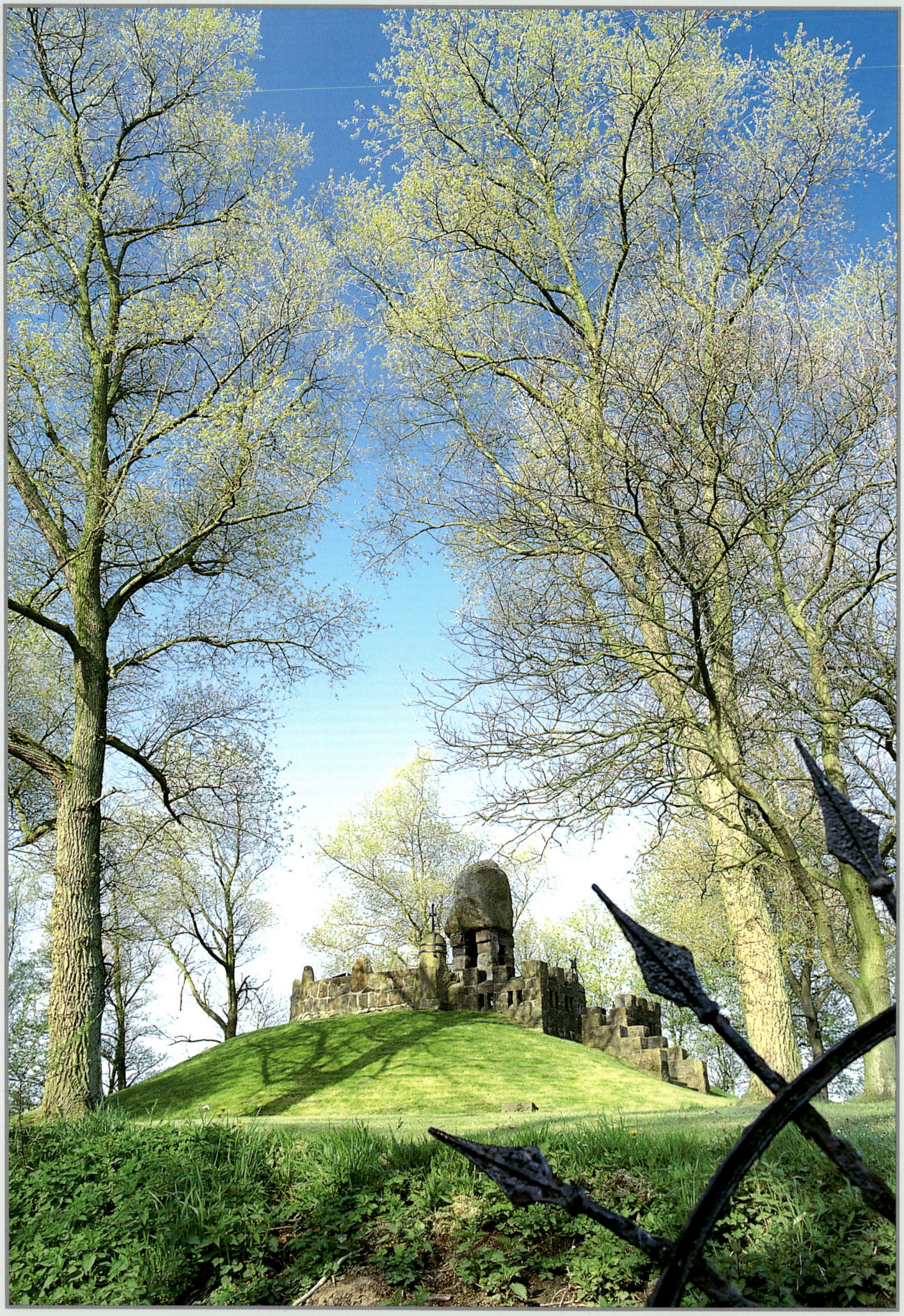

Die 400. Wiederkehr des Jahrestages der großen militärischen Auseinandersetzung von Hemmingstedt am 17. Februar 1900 wurde in Dithmarschen groß gefeiert. Zur Erinnerung des Ereignisses, das der genossenschaftlich verfaßten Republik die staatliche Eigenständigkeit sicherte, wurde ein eindrucksvolles Denkmal errichtet. Es steht auf der Dusenddüwelswarft. Dort in der Nähe muß es gewesen sein, wo eine schnell aufgeworfene Schanze den fürstlichen Heerwurm aufhielt. Bei archäologischen Ausgrabungen stößt man heute noch auf Gräber, in denen Menschen und Pferde bestattet wurden. Der Standort der Schanze allerdings ist noch nicht ermittelt.

Zwei Generationen nach dem Triumph von Hemmingstedt sahen sich die Dithmarscher einem erneuten Angriff der Fürsten ausgesetzt. Auch diesmal wollten sie ihnen bei Hemmingstedt begegnen, doch die fürstlichen Heere durchschauten die Strategie, griffen Heide an und steckten den Ort in Brand. Die Dithmarscher mußten aufgeben, ihre „Letzte Fehde" war geschlagen. Die Republik war nun verloren, und der später gesetzte Gedenkstein fiel wesentlich bescheidener aus als das großartige Siegesdenkmal. Aber durch geschickte Verhandlungen konnten viele Elemente der Dithmarscher Freiheit in die Fürstenzeit gerettet werden. Deshalb ist die Kapitulationsurkunde von 1559 ein Dokument hoher diplomatischer Kunst.

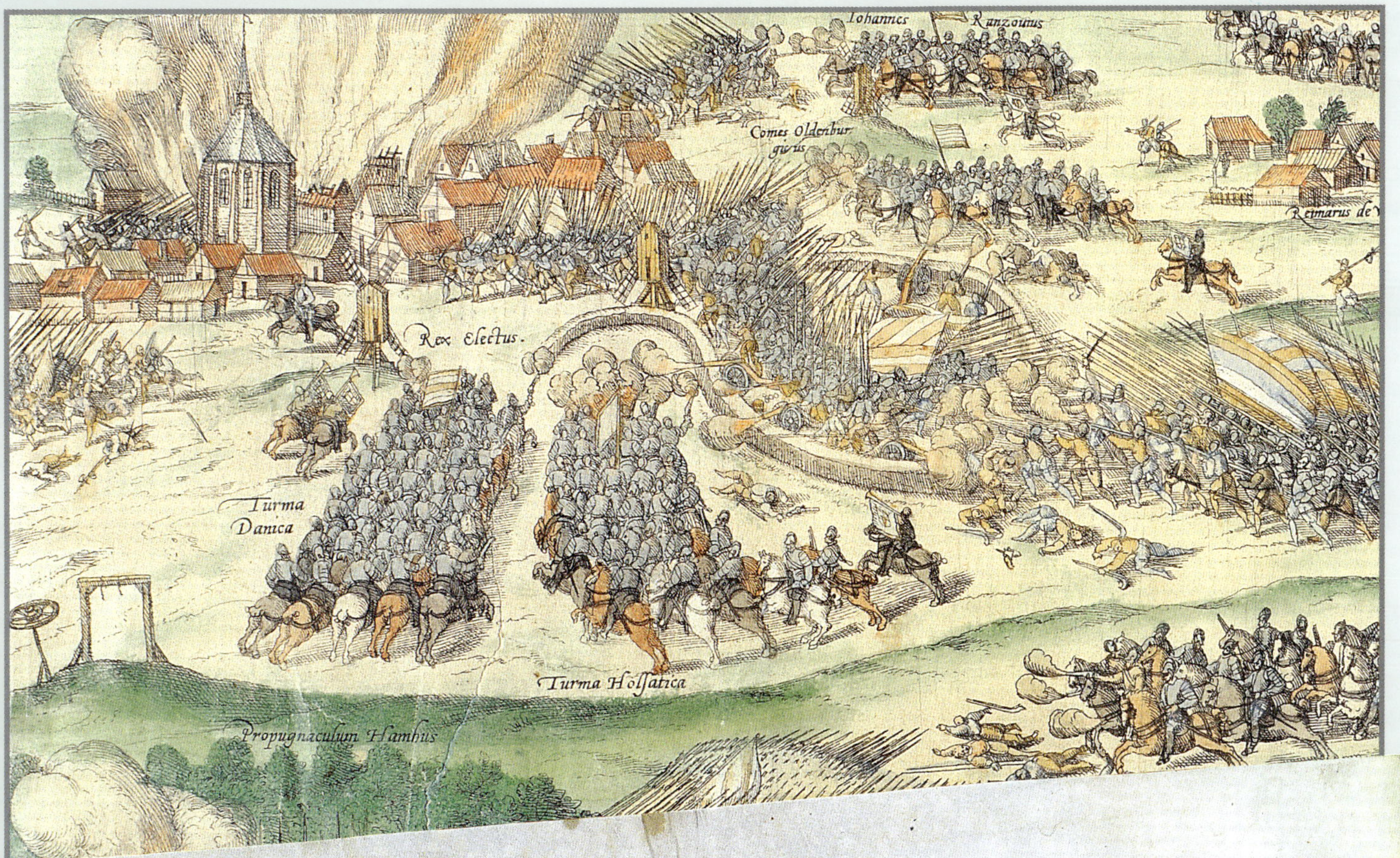

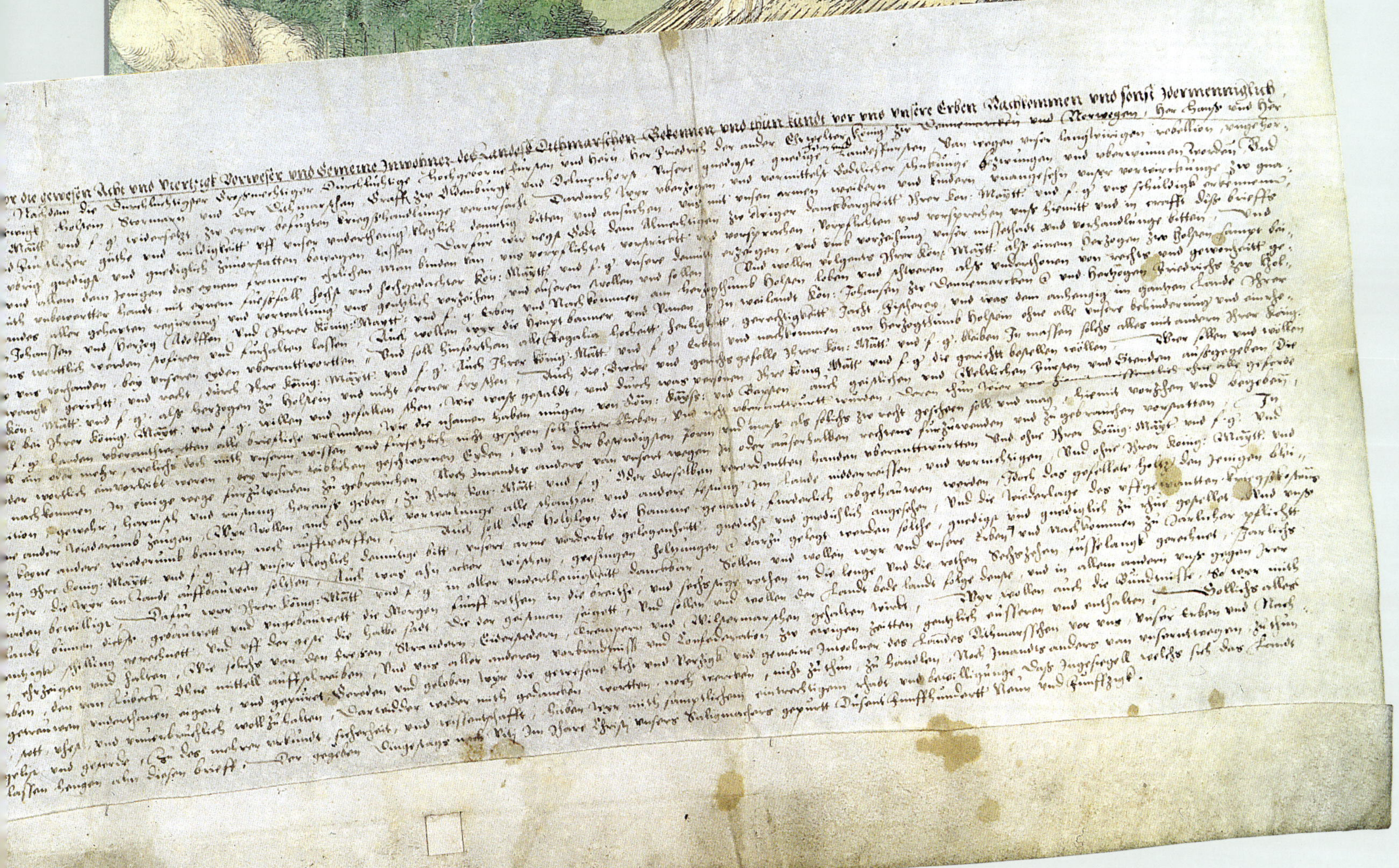

Heide – vom Heidedorf zur Kreisstadt

Heide ist die Kreisstadt für den Kreis Dithmarschen, und bei der Architektur für das moderne Hochhaus, das für die 1970 zusammengelegten Verwaltungen beider Dithmarschen errichtet wurde, spielt die geometrische Grundform des Kreises eine wichtige Rolle. Heide ist heute das politische Zentrum, so wie es dies seit Jahrhunderten war. An der nördlichen Seite des großen Marktplatzes lag auch das Landratsamt für den Kreis Norderdithmarschen. Dieser Standort war von hoher Symbolkraft, denn der Marktplatz ist ein politischer Ort, mit dem die Gründung Heides auf das engste verknüpft ist. Ob er allerdings der größte Marktplatz in Deutschland ist oder ob dieser in Freudenstadt im Schwarzwald liegt, dieser Streit ist mit Hilfe von Landvermessern freundschaftlich beendet worden. Der Marktplatz von Freudenstadt ist ein paar Quadratmeter größer, aber der von Heide ist der größte unbebaute Marktplatz Deutschlands und mehr als 150 Jahre älter.

Seine Geburtsstunde schlägt inmitten von bürgerkriegsähnlichen Zuständen in Dithmarschen. Hier haben sich die Kirchspiele derart zerstritten, daß sie sich um die Jahre 1420/1430 mit „raub, brant und mort" gegenüberstanden. Grund der erbitterten Auseinandersetzungen waren außenpolitische Meinungsverschiedenheiten, die vor allem das Verhältnis der Kirchspiels-Republik Dithmarschen zu Hamburg betrafen. Insbesondere die Bewohner der Strandmannsdöfft um Marne und Brunsbüttel, aber auch die übrigen küstennahen Kirchspiele wie Büsum, Wesselburen und auch der damalige Hauptort Meldorf waren „hamburgfeindlich". Die Küstenanrainer sahen in hamburgischen Kauffahrteischiffen ein willkommenes Beutegut, sobald diese sich in den Watten festliefen. Dabei beriefen sich die Dithmarscher auf überliefertes Strandrecht. Zum Teil jedoch scheiterten die Schiffe ganz absichtsvoll, weil die Küstenbewohner sie mit falschen Feuern in die Irre gelockt hatten, um sie, auf Grund gelaufen, zu plündern.

Die Bewohner des nördlichen Dithmarschen aus Weddingstedt, aus Lunden und Tellingstedt, aus den Geestkirchspielen Albersdorf und Nordhastedt betrachteten das als Piraterie und wollten die Hamburger lieber als friedliche Handelspartner und nicht als Feinde. Ihre Abgesandten gaben den Handelsherrn das Versprechen, „den Copman na aller unser Macht to beschermende". Es kam zu einem regelrechten Krieg zwischen beiden Lagern. Meldorf, der alte Hauptort der Republik, war nicht mehr konsensfähig, nachdem sich das Kirchspiel auf die Seite der Südstrander geschlagen hatte. So trafen sich 1434 auf neutralem Boden „uppe de heide" die Vertreter der Hamburg-Freunde, um das weitere Vorgehen abzusprechen.

Sie hatten sich einen freien Platz ausgewählt, an dem sich wichtige Verkehrswege kreuzten, und der Überlieferung nach ein Gasthaus stand. Bald trat auch Meldorf diesem Bund bei, und die hamburgfeindlichen Kirchspiele unterlagen schließlich. Der Platz auf der Heide hatte sich jedoch als Versammlungsort etabliert und bot in seinen imposanten Abmessungen Platz für alle wehrfähigen Dithmarscher. Hier bildete sich allmählich das politische Zentrum der Republik. Die zentrale Lage des Platzes, die gute verkehrsmäßige Anbindung und das nunmehr entspannte Verhältnis zu Hamburg ließen Heide zu einem attraktiven Marktstandort werden.

Wie als Lehre aus der Bürgerkriegszeit wurde 1447 ein Dithmarscher Landrecht kodifiziert, das hier auf dem Marktplatz verkündet worden sein soll. Zentraler Bestandteil dieses Landesrechtes war der Marktfriede. Er garantierte einheimischen und vor allem auch auswärtigen Kaufleuten, daß sie friedlich ihrem Handel nachgehen konnten. Dithmarschens wirtschaftlicher Aufstieg in den folgenden Jahrzehnten ist zu einem gut' Teil dem Marktfrieden zu verdanken.

Aus den politischen Beratungen der Kirchspielsvertreter heraus entwickelte sich ein Gremium von 48 Regenten, ein Kollegium von Ratgebern, das als oberstes Gericht und – weil die auf ihre Autonomie bedachten Kirchspiele nicht mehr zuließen – in bescheidenen Ansätzen als Zentralregierung fungierte. Die innerdithmarsischen Machtverhältnisse und Kompetenzen waren aber auch jetzt noch äußerst kompliziert. Wenn jede der fünf Döffte je 12 Regenten in das oberste Gremium entsandt hätte, wären 60 Herren zusammengekommen, nicht 48. Die Süderdöffte um Brunsbüttel und Marne, die „Piraten" also, schlossen sich aus und bildeten mit 24 Herren ein eigenes Ratgebergremium.

Auf dem Heider Marktplatz wurden Geschäfte und Politik gemacht. Hier wurde auch ein schauerlicher Prozeß geführt: Wir schreiben das Jahr 1524. Seit der Veröffentlichung der 95 Thesen Martin Luthers waren gerade sieben Jahre vergangen, und der Reformator fand mehr und mehr Anhänger. Auch der Meldorfer Prediger Nikolaus Boie verbreitete Luthers Lehre. Er hatte selbst in Wittenberg bei Luther studiert. Nun traute er sich, den Reformator und Luther-Freund Heinrich von Zütphen nach Meldorf einzuladen. Handelte er dabei auf eigene Faust? Man muß vermuten, daß er die Einladung mit Billigung und Unterstützung einflußreicher Meldorfer Bürger ausgesprochen hatte.

Die 48 Regenten allerdings hatten 1523 die Verbreitung des neuen Glaubens untersagt, und sie fühlten sich dabei auf der sicheren Seite. Die Dithmarscher waren nicht nur mehr oder weniger glaubensstarke Christen, sondern sie verehrten auf besondere Weise Maria. Sie, die „Patrona Dithmarsiae", haben sie angerufen, wenn göttlicher Beistand herbeizuflehen war, wie auf der Schanze von Hemmingstedt 1500. Unter ihrem Namen waren politische Unabhängigkeit und Freiheit verteidigt worden. Maria war die Schutzheilige des Landes, sie war im Landessiegel dargestellt. Bis zum heutigen Tag ist Maria noch die Schutzheilige der Kirchen in Barlt, Delve, Eddelak, Hemme und Hemmingstedt. So stellte sich der junge Meldorfer Prediger gegen geltendes Recht, als er Heinrich nach Dithmarschen holte.

Die 48 Regenten in Heide forderten die Meldorfer auf, den Reformator des Landes zu verweisen. Die Meldorfer folgten dem nicht, dies wiederum wollten die 48 Regenten nicht hinnehmen. Sie ermutigten Bauern aus den nördlichen Kirchspielen, den Reformator am Predigen zu hindern. Symbolträchtig versammelten sie sich in Hemmingstedt im Zeichen der Ave-Maria-Glocke. Sie tranken sich noch Mut an, redeten sich wohl in Rage und brachen auf nach Meldorf. Was dort geschah, beschrieb Martin Luther, dem davon aus Dithmarschen offenbar berichtet wurde, in einer Schrift, die er 1525 veröffentlichte:

Die Bauern drangen in das Meldorfer Pfarrhaus ein, stahlen und stießen den Geistlichen nackt in den Dreck der Straße. Luther dazu: „Darnach, als sie ihren Mutwillen mit dem Pfarrer geübt hatten, fielen sie zu dem guten Bruder Heinrich ein und nehmen ihn nackend aus dem Bette, schlugen, stachen, wie die unsinnigen, vollen Bauern und banden seine Hände sehr hart auf den Rücken . . ." Barfuß schleppte man ihn nach Heide und sperrte ihn bis zur Sitzung der 48er ein. Auf dieser Sitzung unter freiem Himmel auf dem Heider Marktplatz verurteilten die Ratsherrn ihn zum Tode, da er „wider Maria, die Mutter Gottes und wider den christlichen Glauben gepredigt" habe.

Auf späteren Abbildungen ist die Hinrichtung gezeigt worden: Der fromme Mann ist auf eine Leiter gebunden, zwei Männer heizen schon einen Scheiterhaufen an, und ein Mann mit einem Hammer steht bereit, um Heinrich die Knochen zu zerschlagen. Vergeblich versucht Wiebe Junge, die Hinrichtung zu verhindern. Sie bietet Geld, sie fleht – ohne Erfolg. Ganz im Gegenteil. „Ihre Bitten", so der Geschichtsschreiber Chalybäus 1888, „machten den trunkenen Haufen noch rasender, so daß er, aufgehetzt von den Franziskanern, in blinder Wut über den Märtyrer herfiel und ihn aufs grausamste mißhandelte; endlich, da das Feuer nicht brennen wollte, wurde er mit dem Fausthammer erschlagen." Am Tag darauf wurde die verstümmelte Leiche beerdigt.

Der Überlieferung nach haben sich diese Szenen dort abgespielt, wo 1825 der Heider Nordfriedhof angelegt worden ist. Seit 1830 steht dort in der Mitte eines Alleekreuzes ein Obelisk aus Granit, der die Widmung trägt „Dem Glaubenshelden Heinrich von Zütphen der dieses Feld durch sein Blut heiligte. Geb. im Jahr 1488. Gest. den 11. Dez. 1524".

Obwohl von der Obrigkeit der 48er in Heide die Verbreitung des neuen Glaubens bei Todesstrafe verboten worden war und die Regenten ihre Entschlossenheit an Luthers Gefährten demonstriert hatten, fand die Reformation immer mehr Anhänger. Schließlich haben am Pfingstsonnabend 1533 auf einer Landesversammlung „alle Einwohner des Landes Dithmarschen, geistlichen und weltlichen Standes, einen Beschluß gefaßt", so heißt es, „in dem die Lehre des heiligen Evangeliums als für das ganze Land geltend angenommen worden ist."

In der Südwestecke des Marktes steht die St.-Jürgen-Kirche als bescheidene Zeugin der dörflichen Vergangenheit Heides. Das Mauerwerk der langgestreckten Saalkirche stammt noch aus dem 15. Jahrhundert. Der hölzerne dreigeschossige Spätrenaissanceturm wurde 1724 vom Heider Baumeister Johann Georg Schott erneuert. Über dem Westportal ist eine Sandsteinplatte mit dem Bild des Auferstandenen in die Wand eingelassen. Es ist zur Erinnerung an Johann Schneck gefertigt worden. Schneck stammte aus dem Geschlecht der Wittevakemannen aus Meldorf und hatte eine theologische Ausbildung in Rostock absolviert. Zu der Zeit, als Heinrich von Zütphen auf dem Marktplatz der Prozeß gemacht wurde, war Schneck katholischer Pfarrherr und Vertreter des Hamburger Domkapitels. Um 1530 hat er sich der Reformation angeschlossen. So war er wohl der letzte katholische und erste evangelische Geistliche in Heide.

Heide ist heute das politische Zentrum des Kreises Dithmarschen. Das hat seinen Ausdruck in einem modernen Hochhaus für die Verwaltung gefunden. Es steht in einiger Entfernung vom großen Heider Marktplatz. Bis zur Zusammenlegung von Süder- und Norderdithmarschen im Jahr 1970 stand das alte Landratsamt am Marktplatz. Der Heider Marktplatz ist als politisches Zentrum der Republik entstanden. Seit 1434 ist er der Ort für politische Entscheidungen und Tagungsplatz der 48 Regenten. Historische Stadtpläne und auch das heutige städtebauliche Bild zeigen, daß sich die Bebauung Heides auf den 4,7 Hektar großen Marktplatz hin orientiert hat.

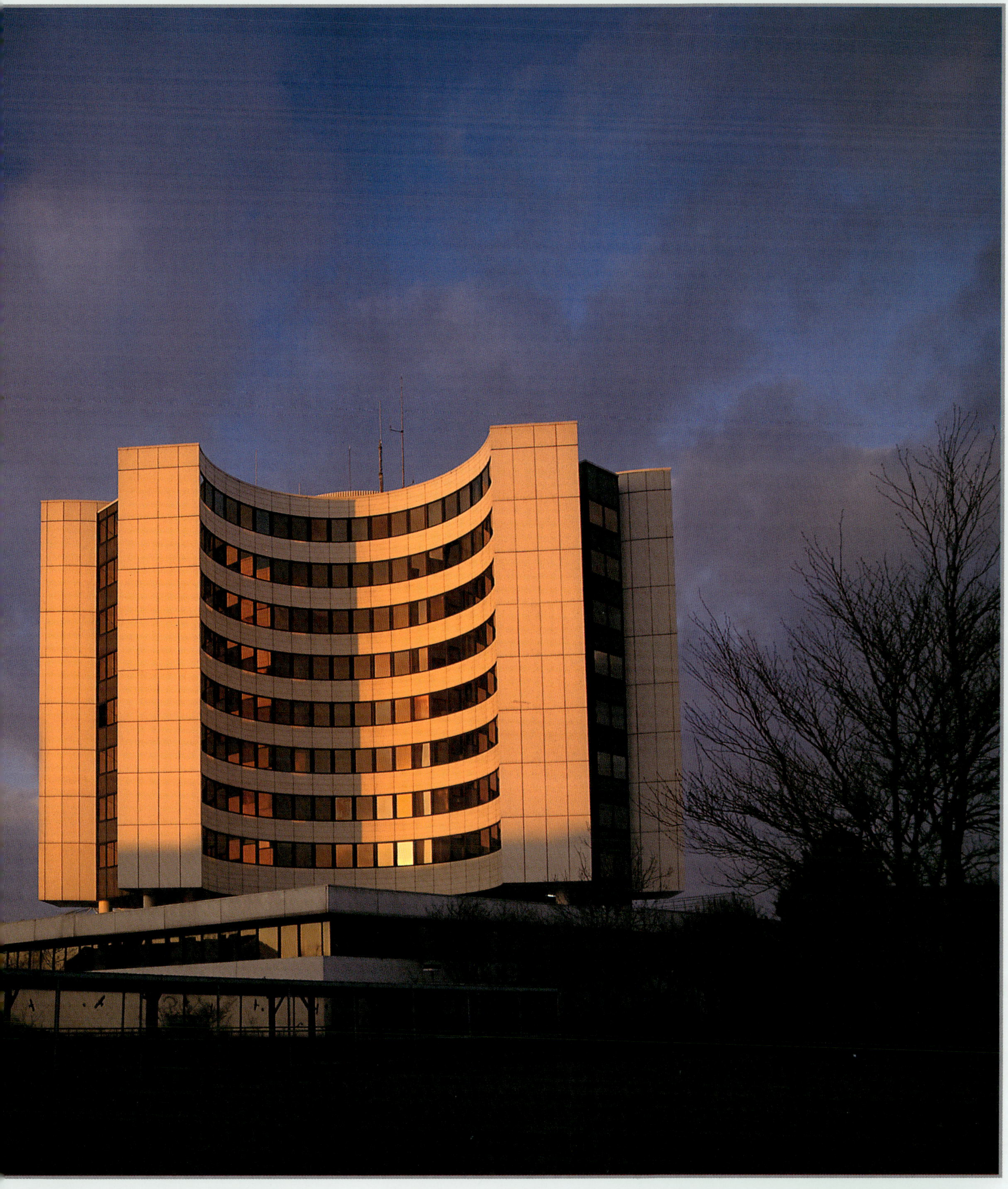

HEIDE
1756

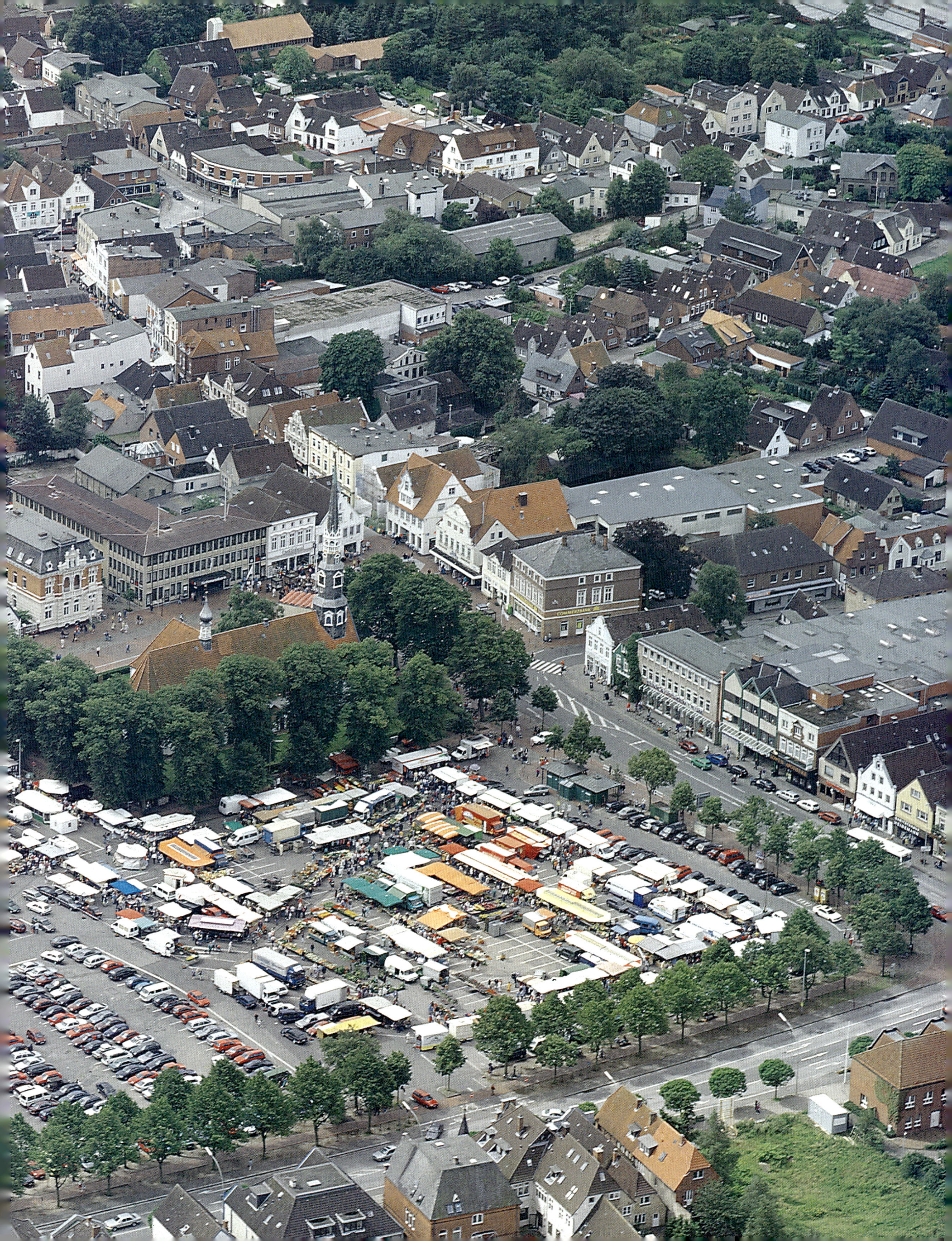

36

Einst hat der Heider Marktplatz die Landesversammlung aufgenommen, eine Mischung aus Heerschau und Wochenmarkt. Bis zum heutigen Tag findet an jedem Sonnabend hier ein attraktiver Markt statt, der den Platz wieder zum Mittelpunkt werden läßt. Die Geschichte des Platzes als Forum der Republik wird mit dem Heider Marktfrieden in Erinnerung gerufen. So, wie sich zu Zeiten der Eigenständigkeit Handwerker und Händler zu den 48 Regenten gesellten, um unter dem Schutz des verbrieften Marktfriedens ihre Geschäfte zu machen, wird alle zwei Jahre mit zehntausenden Gästen ein mittelalterlicher Markt nachempfunden.

Nur wenige Schritte südöstlich des Marktplatzes liegt der Ortsteil Lüttenheid, in dem Handwerksbetriebe das kleinbürgerliche Milieu bestimmten. Hier kam Klaus Groth (1819–1899) als Sohn eines Grützmüllers zur Welt. Sein Elternhaus erinnert als Klaus-Groth-Museum an den Dichter, der mit einfühlsamen Gedichten die moderne plattdeutsche Lyrik begründete und große Berühmtheit erlangte. In einem der Nachbarhäuser war die Familie des Komponisten Johannes Brahms (1833–1897) zu Hause. Brahms und Groth waren einander bekannt und wechselten Briefe der Freundschaft. Johannes Brahms hat einige Kompositionen zu Gedichten seines Landsmannes Klaus Groth geschrieben.

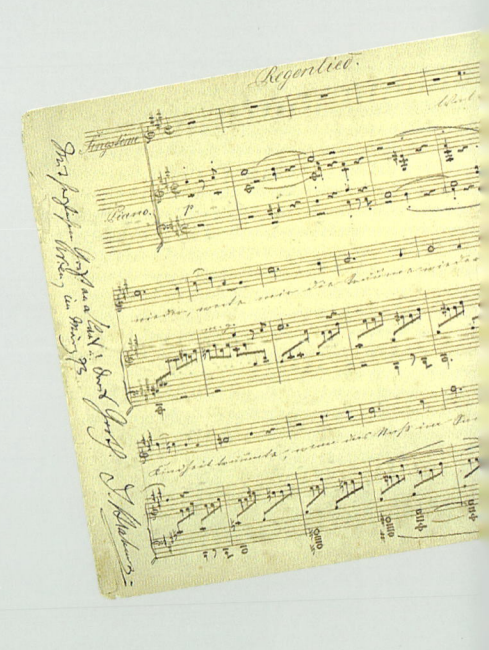

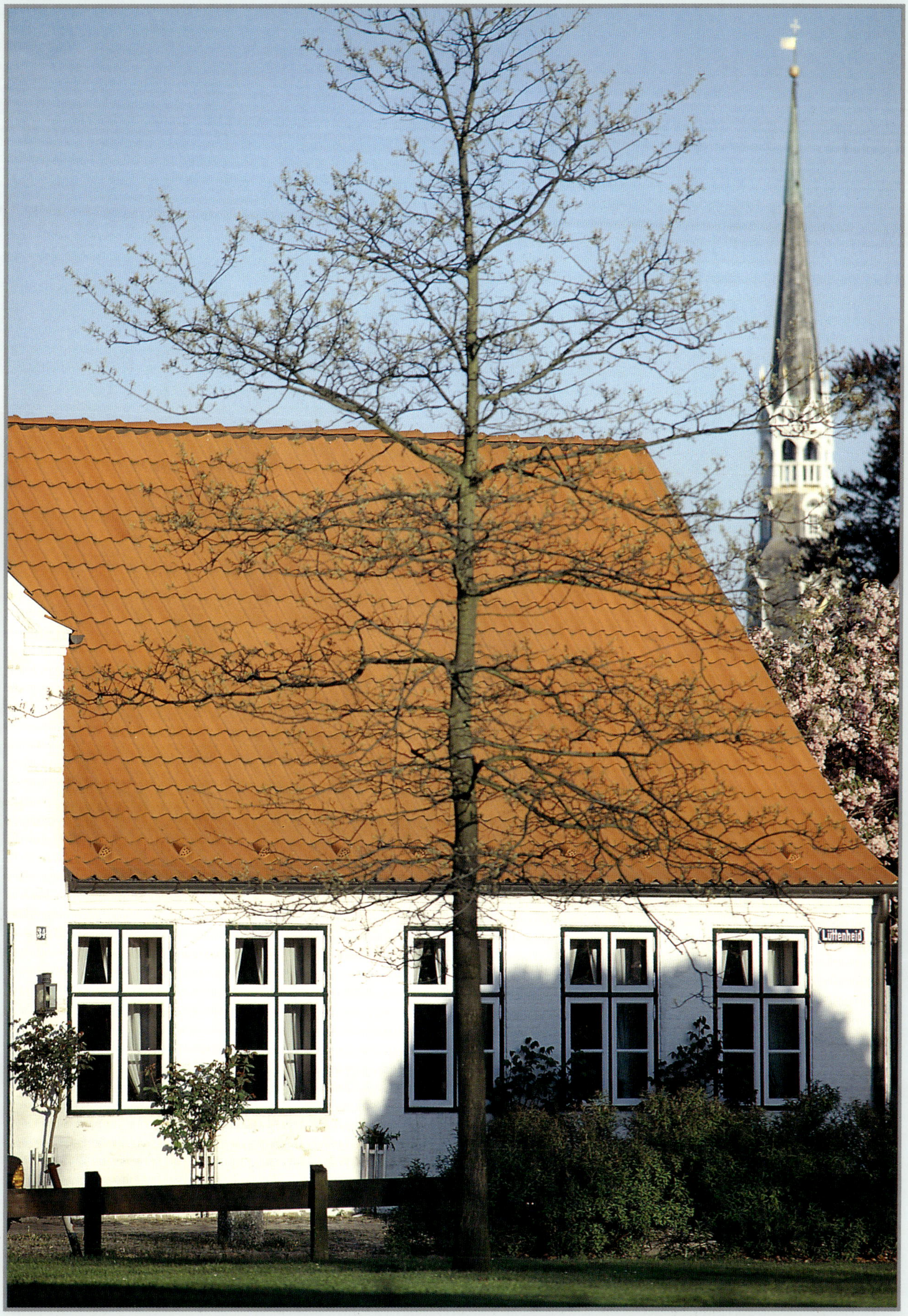
Lüttenheid

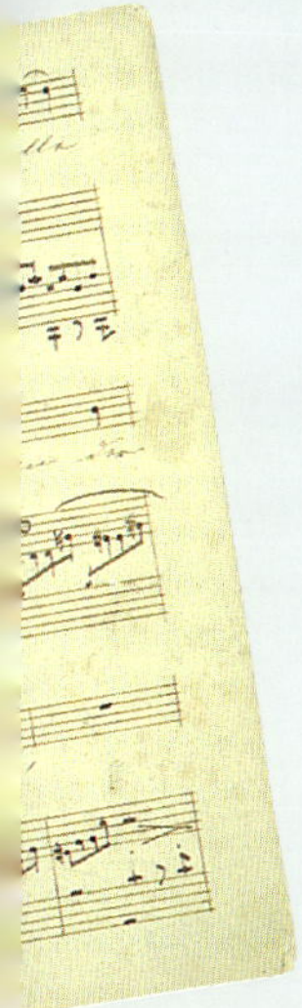

Rund um den Marktplatz stehen im Gegensatz zu den kleinbürgerlichen Häusern in Lüttenheid repräsentative Bürgerhäuser. Das alte Pastorat von 1739, dessen torartiger Eingang das Haus in einen größeren Teil für den ersten Pastor und einen kleineren für den zweiten gliederte, das Postelheim von 1893 und das „Dreetorns-Hus" sind bis heute erhalten. Vor allem das barocke „Böttcherhaus", wie das Haus von 1733 mit den drei Türmchen auch genannt wird, zieht die Blicke auf sich. Es ist, wie die Wesselburener Kirche, ein Werk des Heider Baumeisters Johann Georg Schott.

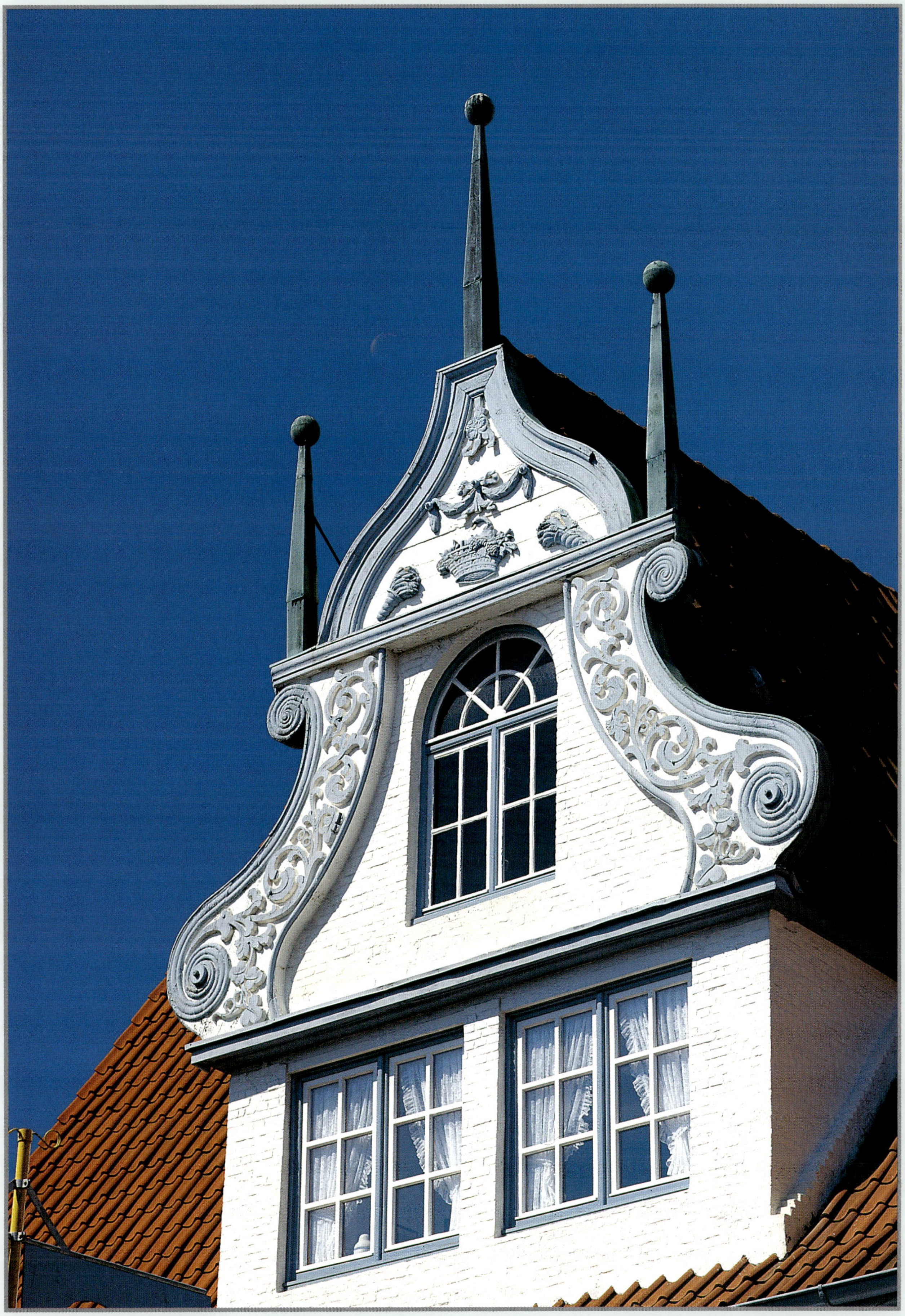

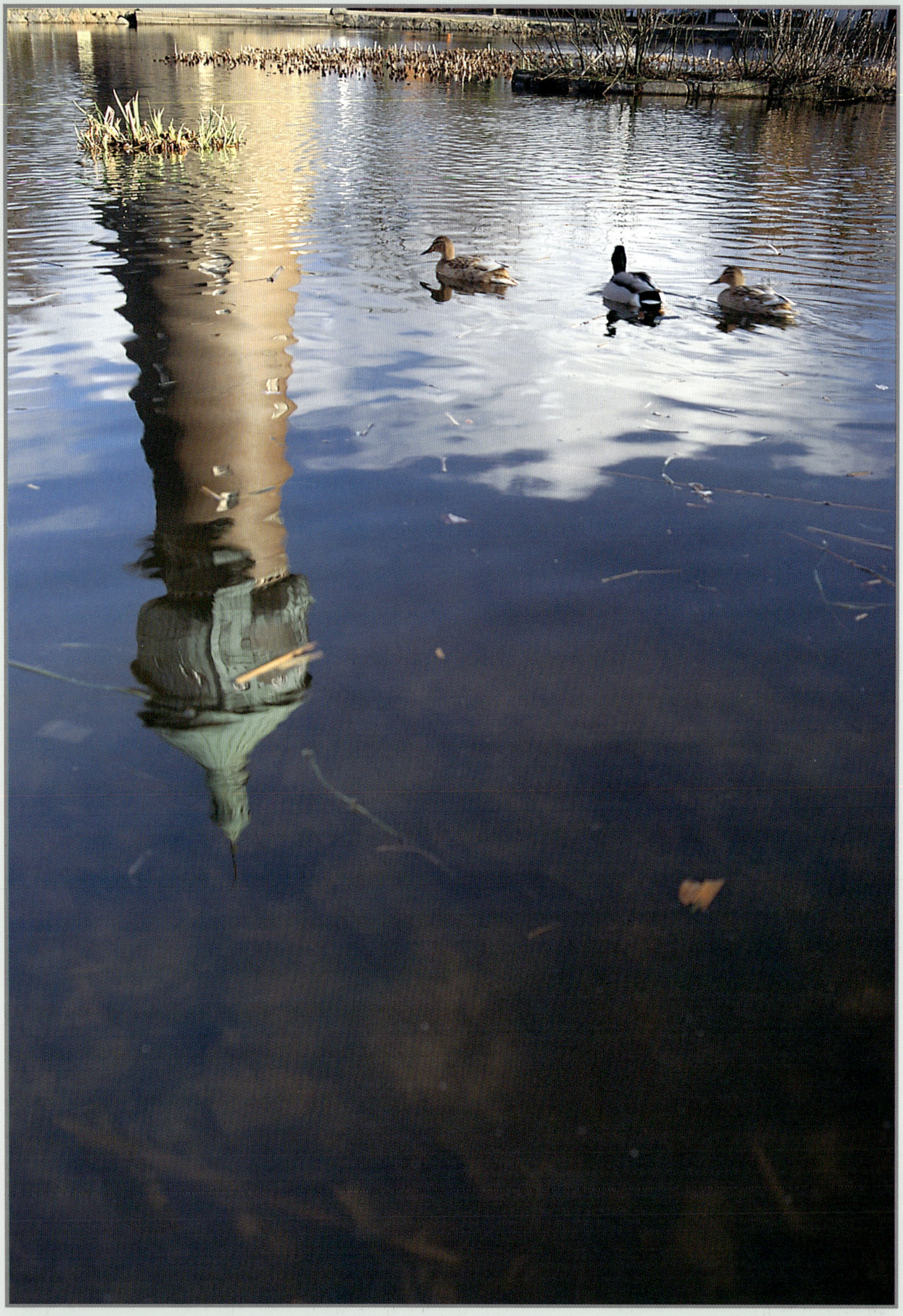

Der Heider Wasserturm, gespiegelt in seinem Element: Er ist heute das Wahrzeichen der Stadt Heide und ein typisches Beispiel für modernes Bauen um 1900. Längst wird er für die Wasserversorgung der Stadt nicht mehr benötigt, gehört aber zu den attraktiven Sehenswürdigkeiten Heides. Auch vom Nordfriedhof aus ist der Wasserturm zu sehen.
Hier erinnert ein Obelisk an den Prozeß und die anschließende Hinrichtung des Reformators Heinrich von Zütphen im Jahr 1524. Die 48 Regenten hatten reformatorische Gedanken bei Todesstrafe verboten, und dennoch gewannen sie stetig an Einfluß. 1533 ist dann auch Dithmarschen zum neuen Glauben übergetreten.

In Weddingstedt, nördlich von Heide, steht eine der stattlichsten Dorfkirchen in Dithmarschen. Weddingstedt gehört mit Tellingstedt und Süderhastedt zu den drei Urkirchspielen, die sich bereits vor dem Jahr 1070 von der Mutterkirche Meldorf abgeteilt hatten. An der Kirche ist noch der Rest eines Rundturmes aus dem 12. Jahrhundert erhalten. Westlich von Weddingstedt ist der Wall der Steller Burg, einer sächsischen Ringwallburg, in der Landschaft sichtbar. Sie lag strategisch bedeutsam und kontrollierte den Weg hinein nach Dithmarschen über die nördliche Geestzunge.

45

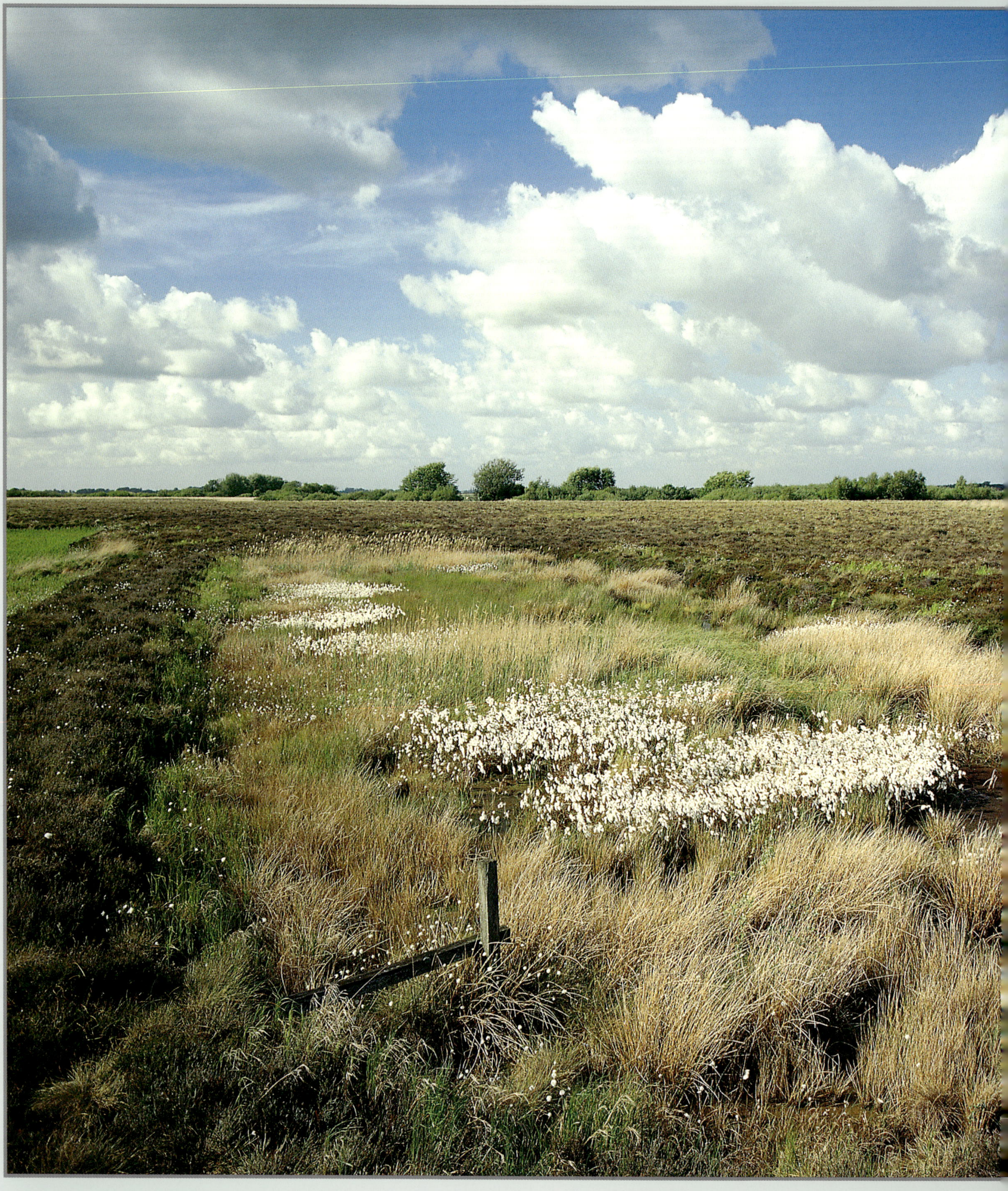

Wollgras und Sonnentau gehören im besonders schutzwürdigen Weißen Moor nordwestlich der Steller Burg zu den Raritäten. Hier im Weißen Moor hausten der Sage nach unheimliche „Moorkerle", die nächtliche Wanderer vom Weg abbrachten, um sie die ganze Nacht im Moor herumirren zu lassen. Auch die Entstehung des Hochmoores hat Eingang in die Sagenwelt gefunden: Ein dänischer Königssohn, der um eine irische Königin warb und ihr zum Gefallen Reiseabenteuer bestehen mußte, verliebte sich bei einem Besuch in Dithmarschen in eine Bauerntochter. Nun blieb er hier und gründete eine Familie, aus der die Swins hervorgegangen sein sollen. Die erzürnte irische Königin allerdings ließ aus Rache ein Moor ausgraben und schickte es übers Meer, um damit in Dithmarschen gute Äcker zu verderben. Und siehe da! Das Moor setzte sich auf Swins Felder. Nur verderben konnte es nichts mehr, denn die Swins waren schon mächtig und begütert.

48

Reiche Bauern – große Pracht

Um die Lundener St.-Laurentius-Kirche ist mit dem Friedhof der Geschlechterverbände exemplarisch ein einmaliges kulturgeschichtliches Zeugnis erhalten. Wohlhabende Bauernfamilien gaben vom 15. bis in das 18. Jahrhundert hinein ihrem Reichtum auch Ausdruck in repräsentativen, bis zu zwei Tonnen schweren Grabplatten und aufrecht stehenden Grabstelen sowie in eindrucksvollen Grabkellern. Für den Fall des Todes sollte alles gut vorbereitet sein. Deshalb ließen die Auftraggeber noch zu Lebzeiten die Grabplatten aus Sandstein vor allem im Weserbergland hauen und an Ort und Stelle bearbeiten. Nur das Todesdatum blieb ausgespart. Per Schiff sind sie nach Dithmarschen geliefert worden; waren sie für Lunden bestimmt, wurden sie im Wollersumer Hafen angelandet.

Der Grabkeller der Nannen, einer Kluft, also einem Zweig des Geschlechts der Wurthmannen etwa, der vor 1600 entstand, gehört mit 22 Quadratmetern Grundfläche und 45 Kubikmetern Rauminhalt zu den größten erhaltenen Kellern. Die Geschlechterverbände spielten in Dithmarschen eine ambivalente Rolle. Zum einen strukturierten und organisierten sie die Gesellschaft. Zum anderen befehdeten sie einander. Eine Stele auf dem Lundener Friedhof erinnert bis heute an eine der bekanntesten Persönlichkeiten der Republik. Peter Swin, regierender Herr des 48er Kollegiums, wurde 1537 ermordet. Wie ein Fürst wurde er „pater patriae", also Vater des Vaterlandes, genannt. Peter Swin hatte eine heikle Mission und reiste durch die Kirchspiele, um für ein Gesetz zur Abschaffung der Selbstjustiz, die auch das Recht zur Blutrache einschloß, zu werben. Darin sahen viele eine Schwächung der Geschlechterverbände, und Angehörige der Russebolingmannen ermordeten den Dithmarscher Staatsmann. Lunden verdankt Swin, daß hier von 1517 bis 1532 ein Franziskanerkloster bestand und daß dieser Marktort von 1529 bis 1559 Stadtrechte hatte.

Eine Episode gibt Auskunft über das Selbstverständnis des vornehmen Peter Swin. Aus der Beute, die die Dithmarscher bei der Schlacht von Hemmingstedt gemacht hatten, trug er kostbares Wams aus Samt. Damit erschien er auf einem Fürstentage in Itzehoe und trug dabei ein par weiße Webbeshosen. Ihn begleitete Junge Johanns Detlef; beide waren ein paar beredte scharfsinnige Männer von geschwindem Wort. Als die holsteinischen Herren den wunderlichen Anzug sahen, lachten sie darüber; aber Junge Johanns Detlef sprach alsbald zu ihnen: „Lachet doch nicht; denn wo der Wams geholt ward, hätte man auch wohl die Hosen kriegen können, hätte Ehre und Zucht das nicht gehindert." Auch erzählt man, man habe Peter Swin selbst auf seine Kleidung hin angesprochen, er soll darauf geantwortet haben, das samtene Wams trage er, weil er ein Landesherr sei, die weite, weiße Hose aus grobem Gewebe aber trage er, weil er ein Bauer sei.

Nach der letzten Fehde wurde Lunden bis 1626 Sitz des „Fürstlich Gottorfschen Landvogtes." Zum ersten Landvogt wurde der wohlhabende Bauer Markus Swin, Enkel des Peter Swin, bestimmt. Swin hinterließ als gebildeter Mann nicht nur eine Bibliothek von Rang, die heute im Dithmarscher Landesmuseum verwahrt wird, sondern auch die Innenausstattung eines Raumes, der für bäuerliche Verhältnisse ungewöhnlich prachtvoll und heute in einer weitgehenden Rekonstruktion ebenfalls im Meldorfer Museum zu besichtigen ist. Der lange Zeit so genannte „Swin'sche Pesel" von 1568 war als Zeugnis des legendären Reichtums der Dithmarscher Bauern berühmt.

Bis vor kurzem hat man die Prachtstube für den Wohn-, Schlaf- und Repräsentationsraum von Markus Swin und seiner Frau gehalten. Arnold Lühning hat nun nachgewiesen, daß es sich bei dem Pesel nicht um eine Zimmereinrichtung aus einem – wenn auch sehr reichen – Bauernhaushalt gehandelt hat, sondern daß er vielmehr ein Gerichtssaal war, sozusagen das Arbeitszimmer und die Kanzlei des Landvogts Markus Swin. Zugleich konnte der prächtige Raum als angemessenes Quartier für landesherrliche Besuche in Dithmarschen zur Verfügung stehen. Herzog Adolf legte trotz ständiger Geldnot großen Wert darauf, in jeder seiner Landschaften einen festen Stützpunkt in Form eines Schlosses zu besitzen. Für die Bevölkerung waren damit Hand- und Spanndienste, Korn- und Viehlieferungen und sonstige Lasten verbunden. Der wohlhabende und kluge Markus Swin hat dem herzoglichen Paar sein eigenes Haus und die auf seine Kosten hergerichtete prunkvolle Herberge wohl deshalb angeboten, um die Errichtung eines festen landesherrlichen Sitzes in Norderdithmarschen nicht mehr nötig erscheinen zu lassen. So gewendet ist der Raum, der bislang als Bauernstube angesehen worden war, nicht ein Zeugnis für prunkhafte Repräsentation, sondern für diplomatische Klugheit.

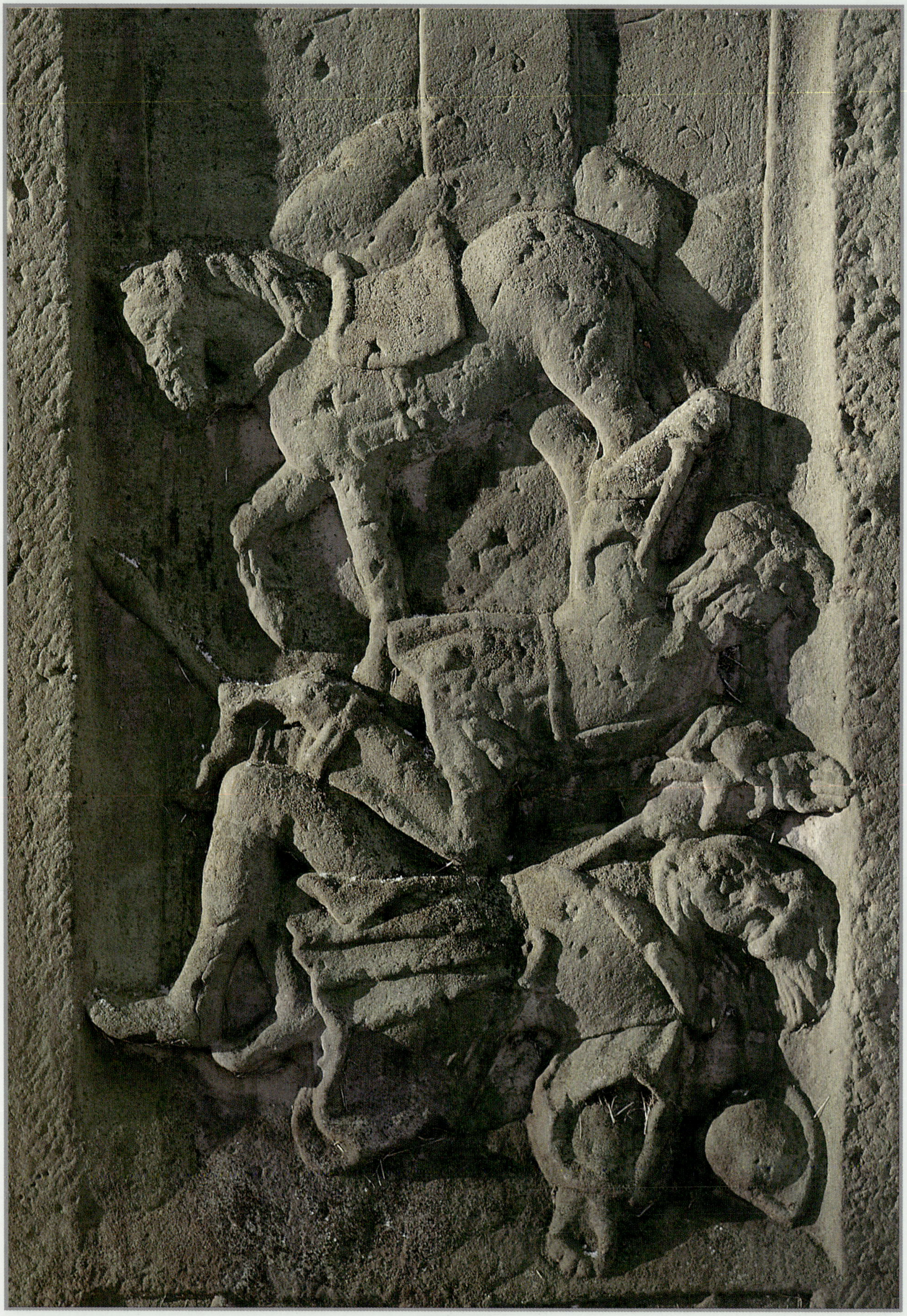

Und ob die Swins reich und mächtig waren: Sie gehörten zu den größten Bauern in Dithmarschen und waren als 48er Regenten einflußreiche Leute. Die aufwendigen Grabplatten und Grabkeller, die auf dem Lundener Friedhof erhalten sind, geben einen Eindruck davon wieder. Auf der Stele, die wohl 1538 zur Erinnerung an den Mord an Peter Swin im Jahr 1537 aufgestellt ist, kann man das ablesen: Während der Mörder gewöhnliche Kleidung trägt, ziert Swin ein modisches Wams und eine Kniehose.

Der 1568 geschaffene Prachtraum aus dem Hause Markus Swins bei Lunden, Peter Swins Enkel, galt lange Zeit als Ausdruck der Wohlhabenheit und des Repräsentationsbedürfnisses der großen Bauern. Nach neuesten Forschungsergebnissen ist er jedoch vielmehr ein Dokument hoher diplomatischer Kunst und patriotische Tat zugleich. Der Dithmarscher Politiker Peter Swin wurde nach der „Letzten Fehde" 1559 erster herzoglicher Landvogt in Norderdithmarschen. Um zu verhindern, daß der Herzog eine eigene feste Bleibe in der Landschaft verlangte, stellte ihm Swin auf eigene Kosten eine Herberge zur Verfügung, die keine Wünsche offen ließ.

52

In der Dithmarscher Republik waren die Kirchspiele die entscheidenden Körperschaften mit weltlichen wie geistlichen Kompetenzen. So haben die Kirchen eine bedeutende Rolle für das Selbstverständnis der Dithmarscher gehabt. In ihnen spiegelt sich auch das selbstverständliche Selbstbewußtsein der Geschlechterverbände. Davon zeugen bis zum heutigen Tage Gestühlswangen in der Kirche von Hemme. Links oben das Wappen der Sulemannen, aufgehängt an einem Laubkranz, darunter das Wappenschild von Reimers Claves, oben links die Pflugschar im Wappen der Isermannen und oben rechts gekreuzte Schwerter und vier Rosen als Sinnbilder der Ebbingmannen.

Die Kirche von St. Annen ist außen von schlichter Gestalt und im Inneren ein Kleinod. Sie gilt als Ausdruck von Gottesfürchtigkeit, diplomatischem Geschick und Geschäftstüchtigkeit der Dithmarscher Bauern zugleich. Im östlichen Teil des Kirchspiels Lunden wollten Familien der Russebolingmannen ihre Äcker durch einen neuen Koog vergrößern. Wenn es gelänge, so gelobten sie, sollte Anna, der Mutter Marias, die Schutzheilige Dithmarschens war, eine Kapelle gebaut werden. Die Eindeichung gelang, und das Gelübde mußte erfüllt werden. Um die Rechnung nicht allein zu zahlen, gewannen sie Rom dafür, ihnen zu bestätigen: Allen Förderern der Kapelle werde 100jähriger Ablaß gewährt. So kam das Geld in die Baukasse. Vergleichsweise bescheiden erscheint die Kirche des Moordorfs Schlichting, die ihre heutige Gestalt im 17. Jahrhundert erhielt.

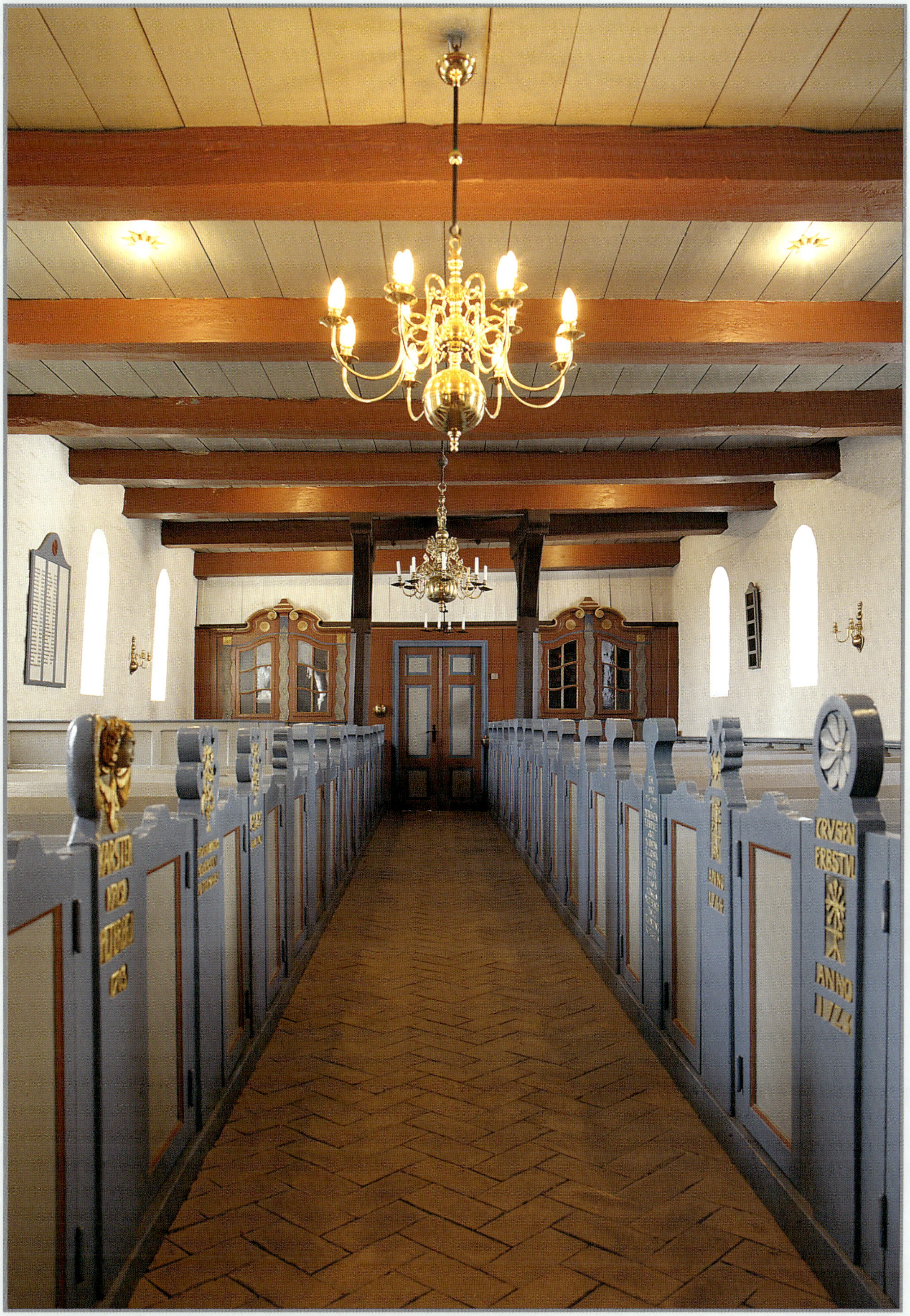
CRVSEN
ERBSTVL
ANNO
1724

Hebbelstadt mit barocker Krone

Wesselburen liegt inmitten einer flachen, grünen, von der Landwirtschaft geprägten Marschenlandschaft im Nordwesten Dithmarschens und ist von einer küstenunmittelbaren Lage durch die Landgewinnung in eine zentrale Lage hineingewachsen. Der Ortskern ist auf Wurten gelegen und macht augenfällig, daß in der Marsch immer mit Wassernot zu rechnen war.

Der größte Sohn der Stadt, der Schriftsteller Friedrich Hebbel (1813–1863) erinnerte sich: „Ich ahnte, was die Sturmfluten und Deichbrüche, von denen im Herbst so oft gesprochen wurde, weil das Ländchen, als dem Meer abgewonnen, ihnen ausgesetzt war, eigentlich bedeuteten, und schauderte, wenn mein Vater in stürmischen Nächten, durch den Nachtwächter herausgeklopft, mit einem Sack um den Leib und einem Spaten unterm Arm an dem Strand eilte, um im Augenblick der Gefahr nach seiner Bürgerpflicht bei der Hand zu sein."

Hebbel ist auch ein berufener Zeitzeuge, um seinen Heimatort knapp zu charakterisieren: „Wesselburen ist an und für sich als der Mittelpunkt von elf bis zwölf wohlhabenden Dörfern nach den Verhältnissen des Landes gar nicht zu unansehnlich; es ist der Sitz der Kirchspielsvogtei und der Kirchspielschreiberei sowie des aus zwei Predigern bestehenden Ministeriums", des kirchlichen Kollegiums für das Kirchspiel also, „und hält überdies, alljährlich, wie es im Kalender heißt, zwei Pferde-, Vieh- und Kram-Märkte, die fleißig von Käufern und Verkäufern besucht werden."

In der Kirchspielsvogtei von 1737 hatte Hebbel selbst von 1827 bis 1835 als Schreiber des Kirchspielvogtes Mohr gearbeitet. Nach seiner bescheidenen Schulbildung fand er so ein Auskommen. Hier in der Bibliothek konnte er einiges an versäumter Lektüre nachholen. Allerdings hat Hebbel sehr unter der Kulturferne des Marschfleckens gelitten.

„Ein charakteristisches Beispiel diene als Beweis. Es ging in Wesselburen die Tradition, daß der Hauptpastor im Besitz des Goetheschen Faust sei. Niemand von uns jungen Leuten wagte, ihn um das Buch zu bitten, denn er war so unnahbar, wie der Papst, aber er stand als Hüter eines solchen Schatzes doppelt hoch in unseren Augen. Eines Abends sagte mir einer meiner Bekannten jubelnd: ich habe den Faust! Ich bitte ihn dringend um Mitteilung. Es kann nicht sein, er hat ihn selbst nur auf Umwegen für eine Nacht erhalten und muß ihn am nächsten Morgen ganz in der Frühe zurück liefern, weil der Pastor dann von einer Schulinspektionsreise wiederkehrt. Ich verspreche ihm alles Mögliche. Nichts da, er will selbst lesen. Am Ende schlage ich ihm vor, ihn um den Preis des Buches, in ein Haus zu begleiten, in dem seine Liebste wohnt und das er eben deshalb aus Schüchternheit nie allein zu betreten wagt. Das hilft, er schlägt ein, aber ich muß mich verpflichten, wenigstens drei Stunden zu bleiben. So sitze ich denn, mein Buch wie eine Feuerkohle in der Tasche, bis elf Uhr bei Leuten, die mir wenigstens in dem Moment äußerst gleichgültig waren, und kann etwas vor Mitternacht den Faust anfangen."

Schließlich entschloß der angehende Schriftsteller sich, sein Glück außerhalb Dithmarschens zu versuchen. Im März 1835 verließ er Wesselburen, um nur noch einmal zurückzukehren. In seinem Tagebuch notierte er 1842: „Ich bin jetzt 29 Jahre alt und trete das 30ste Jahr an; seit meinem Weggang aus Dithmarschen bin ich aber erst in der Welt, also erst seit 7 Jahren." Hebbel zog nach Hamburg, reiste nach München, Kopenhagen und Paris, um schließlich als gefeierter Bühnenautor – berühmt wurden etwa „Judith", „Maria Magdalena" und seine „Nibelungen" – in Wien, verheiratet mit einer Burgschauspielerin, endlich das Leben führen zu können, das er sich seit seiner Jugend gewünscht hatte.

Ende des 19. Jahrhunderts macht die Entwicklung Wesselburens einen Sprung. Innerhalb weniger Jahre wandelte sich das Äußere, aus dem bescheidenen Marktflecken, wie Hebbel es noch gekannt hatte, wurde ein adrettes Städtchen. Gekrönt wird der Ort von seiner eindrucksvollen Kirche, die Friedrich Hebbel mit Recht erinnerlich blieb. Ihre Substanz stammt wohl noch aus dem 12. Jahrhundert. Im Jahre 1736 legte jedoch ein verheerender Brand große Teile des alten Wesselburen in Schutt und Asche, und der Feuersbrunst fiel auch die St.-Bartholomäus-Kirche zum Opfer. Das Kirchspiel wählte den in Heide arbeitenden Barock-Baumeister Johann Georg Schott aus, der ein fast quadratisches Kirchenschiff errichtete. Das neue Kirchengebäude, das aussieht wie ein großer Haubarg im benachbarten Eiderstedt, gipfelt in einem weithin sichtbaren und im Norden unverwechselbaren zwiebelförmigen Dachreiter.

Die fruchtbare, landwirtschaftlich genutzte und von Entwässerungsgräben durchzogene Marsch im Norden Dithmarschens liegt unter hohem Himmel. Die Marsch hat für die Entwicklung der Republik eine wichtige Rolle gespielt. Hier entstanden die Geschlechterverbände als genossenschaftliche Zusammenschlüsse zur Marschensicherung. Noch heute erinnern Ortsnamen wie Wennemannswisch, Edemannswisch oder Nannemannshusen an die Geschlechter. Hier wurde auf stets hinzugewonnenem Boden guter Ertrag eingefahren und die Grundlage für die Wohlhabenheit der Landschaft gelegt.

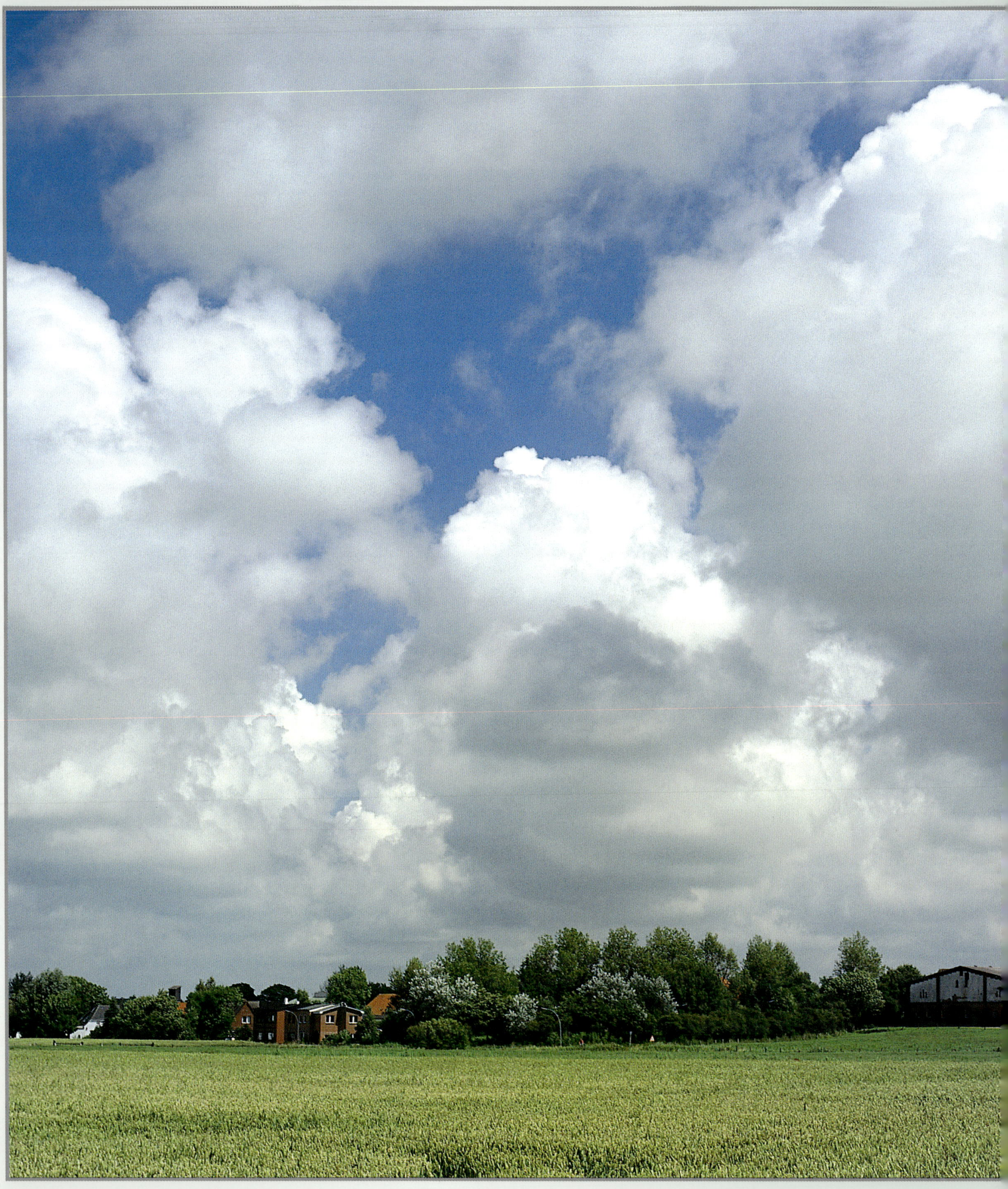

Zentrum der Nordermarsch ist Wesselburen, das sich in den letzten Jahren des 19. Jahrhunderts vom Marktflecken zu einer Kleinstadt entwickelte. Markant ist der barocke Zwiebelturm, der dem Kirchenschiff nach einer Brandkatastrophe 1736 aufgesetzt wurde. Wesselburens Straßen laufen sternförmig auf die Kirche zu, die erhöht auf der alten Wesselburener Wurt liegt.

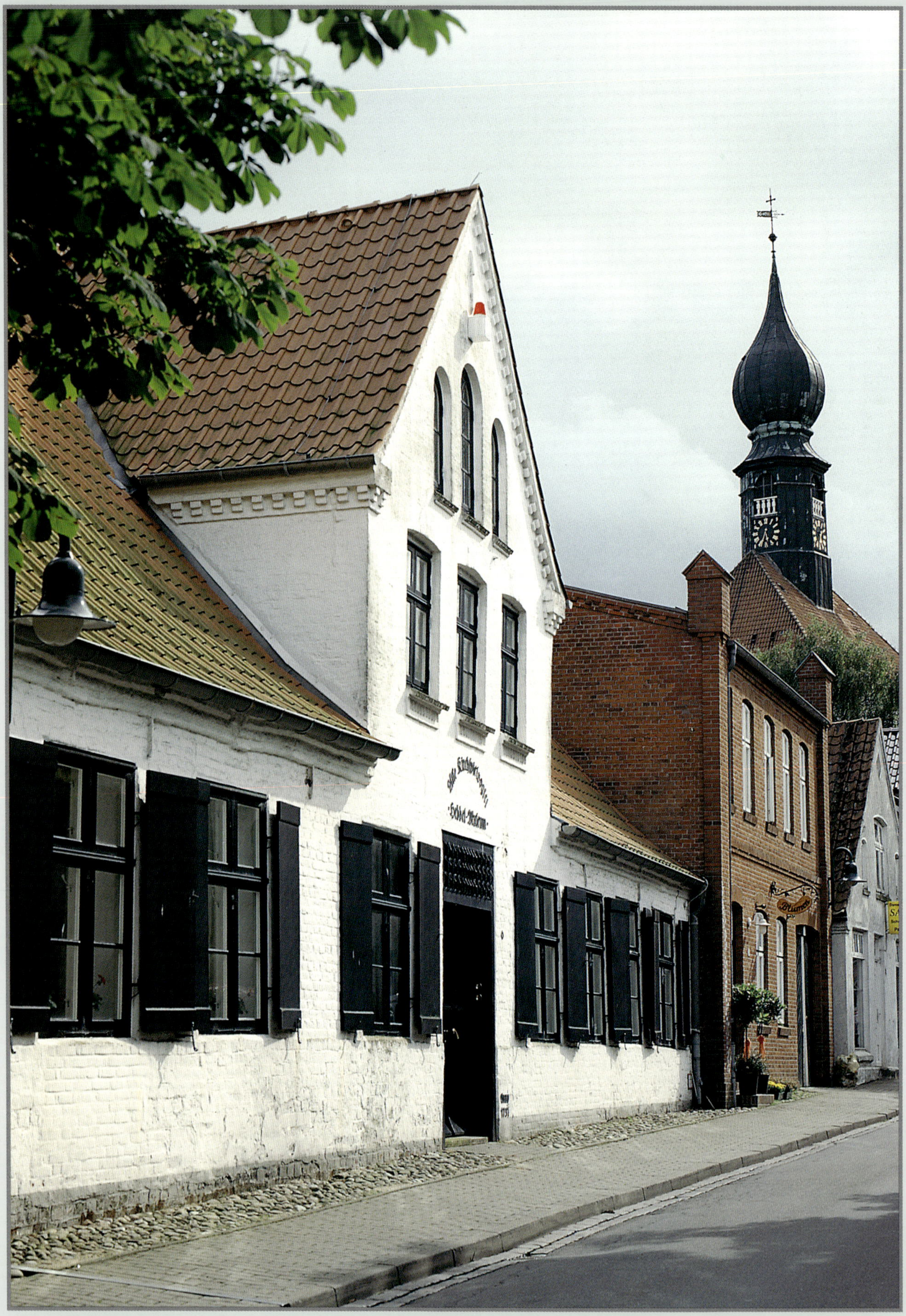

In der Kirchspielsvogtei von 1737 arbeitete der Wesselburener Friedrich Hebbel als Schreiber. Hebbel hat Wesselburen 1835 verlassen, verbittert über seine Armut und enttäuscht über die kulturelle Bescheidenheit des Ortes. Er erfüllte sich seinen Lebenstraum und wurde ein gefeierter Bühnenautor. Hebbel starb in Wien. Wesselburen hat er nur einmal wiedergesehen. In der Kirchspielsvogtei ist ein Museum eingerichtet, das an diesen bedeutenden Schriftsteller des 19. Jahrhunderts erinnert. Dort sind auch Hebbels „Frühwerke" zu sehen: seine Einträge in das Protokollbuch des Kirchspielsvogtes.

Wer nicht will deichen, muß weichen

„Wer nicht will deichen, muß weichen!" Dies Küstendiktum mag für Dithmarschen noch stärker gelten als für andere Gebiete an der Nordsee, denn hier in Dithmarschen bildete sich aus der Notwendigkeit der Marschensicherung heraus die gesellschaftliche und politische Ordnung. Im Laufe der Jahrhunderte hat sich die Dithmarscher Küste immer weiter von Osten nach Westen verlagert. Während nördlich der Eider das Meer immer mehr Land zurückeroberte, gelangen zwischen Eider und Elbe immer neue Eindeichungen.

Aber auch wenn Unmengen von Erde bewegt und der Deich geschlossen war, gab es keine absolute Sicherheit gegen das Meer. Wenn der Deich einmal brach, war nichts mehr zu halten, die einströmenden Fluten spülten Löcher von solcher Tiefe in den Grund, daß solche Deichbruchstellen als Wehlen, als Gewässer in der Landschaft noch zurückblieben, wenn der Deich längst wieder geschlossen war. Manchmal waren die Ausspülungen so stark, daß der Deich um das Wehl herum wieder aufgebaut werden mußte. Noch heute sind in Westerdeichstrich bei Büsum oder in Trennewurth bei Marne Wehle erhalten. In Krumwehl bei Marne hat eine solche Deichbruchstelle sogar Pate bei der Namengebung gestanden.

Mit dem Deich für den heutigen Dieksanderkoog, der von 1933 bis 1935 noch unter dem Namen Adolf-Hitler-Koog eingedeicht wurde, ist der letzte Koog zur Gewinnung von Ackerland geschlossen worden.

Wenn sich die Dithmarscher durch ihren mühevollen Deichbau auch des Wassers von der Nordsee erwehrt haben, so sind sie bis in die Gegenwart hinein mit dem Problem der Entwässerung konfrontiert. Wenn der Westwind das Wasser der Nordsee lange gegen die Deiche drückte und die Entwässerungssiele geschlossen bleiben mußten, dann stieg der Wasserspiegel im Binnenland. Überall in den Niederungen stiegen die Wasserstände, das Wasser selbst in den Bächen und Auen staute sich. Bei Sturm etwa preßte der Wind das Wasser in den Mündungstrichter der Eider und überflutete weite Teile des Binnenlandes bis nach Rendsburg hinauf.

Nach der Flutkatastrophe von 1962 sind gewaltige Küstenschutzbauwerke in Angriff genommen worden. Im Mündungstrichter der Elbe im Süden Dithmarschens etwa wurden Deiche erhöht und die alte Schleuse des Friedrichskooger Hafens durch ein modernes Sperrwerk ersetzt.

Im Norden ist der ganze Mündungstrichter der Eider durch einen 4,8 Kilometer langen Deich mit einem gigantischen Sperrwerk durchgedämmt worden. Damit kann der Wasserstand im Binnenland reguliert werden: Bei Sturmfluten wird das 1973 fertiggestellte Eidersperrwerk geschlossen, nachfließendes Binnenwasser wird im abgedeichten Mündungstrichter solange gespeichert, bis die Tore wieder geöffnet werden können.

Die Mitte Dithmarschens wird durch die Läufe der Miele entwässert. Um hier Stauflächen für das Binnenwasser zu schaffen, wurde die Deichlinie in der Dithmarscher Bucht zwischen Büsum und Friedrichskoog um fast 14 Kilometer verkürzt. Der bis 1978 neu entstandene Speicherkoog Dithmarschen, in dem auch der neue Meldorfer Hafen liegt, bildet ein modernes Küstenschutzbauwerk und ein gigantisches Staubecken zugleich.

Der Verlauf der Nordseeküste hat sich seit den ersten Deichbauten um das Jahr 1100 stetig verändert. Zunächst wurden die Wurten als künstlich aufgeworfene Siedlungshügel miteinander verbunden. Schon dadurch sind große Areale gewonnen worden. Vor dieser ersten Deichlinie entstanden dann die Köge – ehemalige Vorländereien, die mit einem Erdwall umfaßt werden. Eine neue Marsch wurde erst nach der „Letzten Fehde" 1559 geschaffen, die Eindeichungen reichten von Meldorf bis in den Süden nach Neufeld. Im Norden Dithmarschens war das „Andocken" der ehemaligen Insel Büsum die wichtigste Veränderung, im Süden die Bedeichung der Köge vor Marne und schließlich des Friedrichskooges, der weit in die Nordsee hineinragt.

An den Stellen, an denen Deiche brachen, spülte das einströmende Wasser tiefe Kolke aus, die in der Marsch Wehle heißen. Im 20. Jahrhundert haben Küstenschutzbauwerke einer neuen Qualität für Sicherheit vor der Wassernot gesorgt. Wenn die gigantischen Tore des Eidersperrwerkes von 1973 geschlossen sind, hat die Eiderniederung keine Überflutung durch hineingepreßtes Nordseewasser zu fürchten. Der abgedämmte Mündungstrichter der Eider dient dann als Speicherbecken für das Binnenwasser, das nicht in die Nordsee abfließen kann.

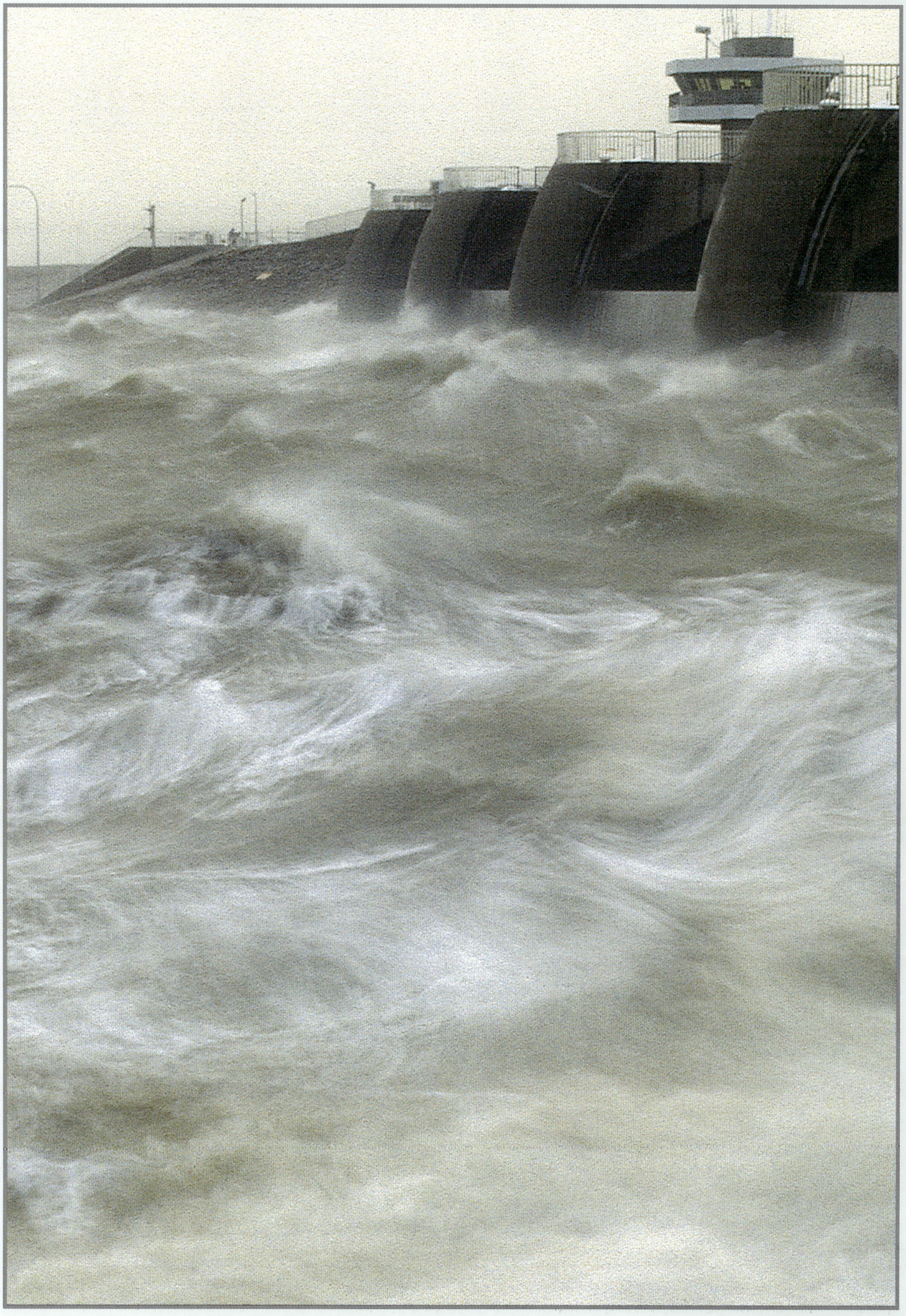

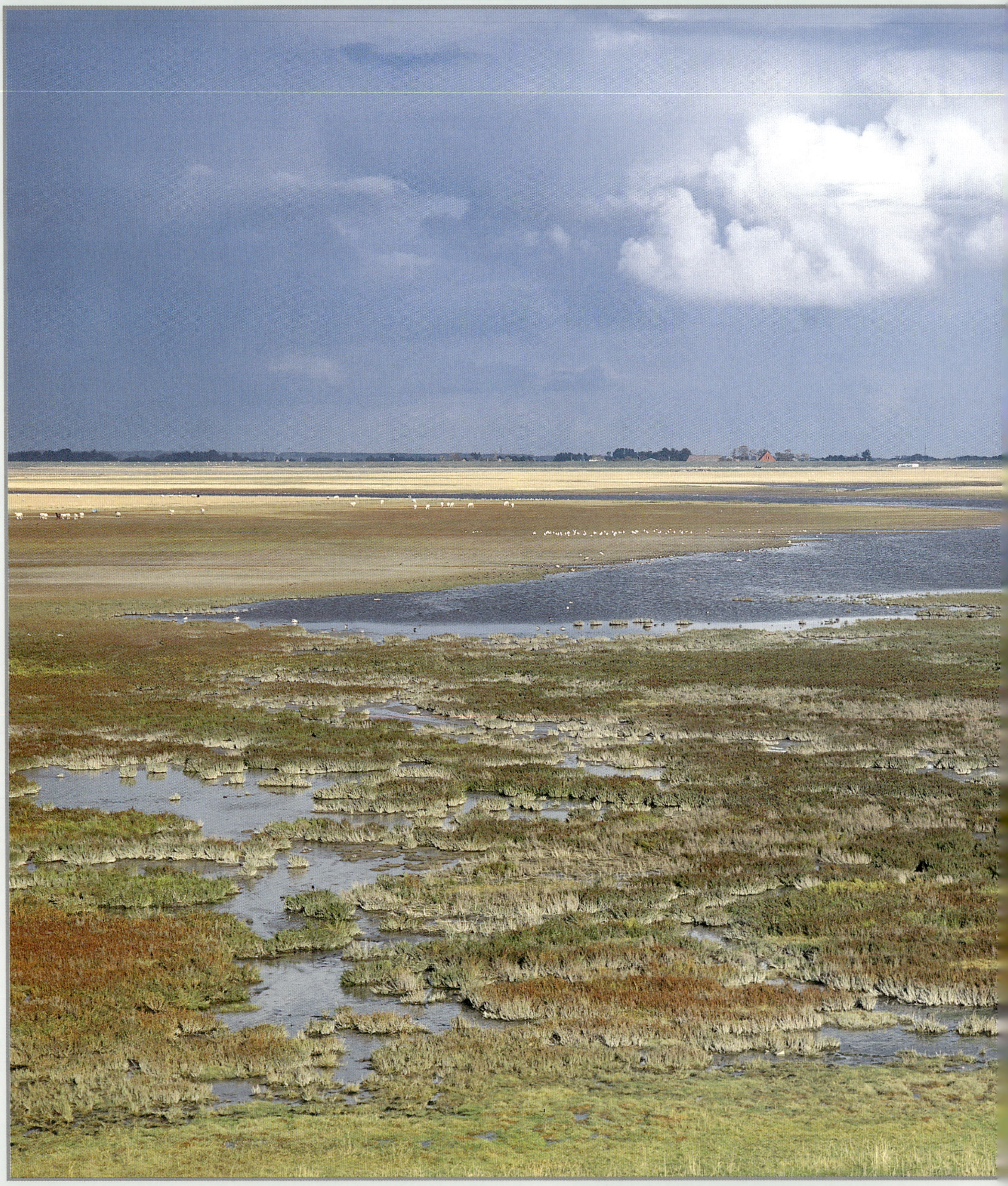

Die Meldorfer Bucht ist bis 1978 durch eine vorgelagerte Deichlinie verkleinert worden. Mit diesem Speicherkoog kann das Wasserlaufsystem der Miele das Binnenland entwässern, auch wenn Weststurm die Nordsee an die Deiche drückt. Eine Skulptur des Marner Bildhauers Paul Heinrich Gnekow versinnbildlicht im neuen Meldorfer Hafen im Speicherkoog die Anstrengungen des Menschen gegen die Gewalten der Natur.

Im Norden der Dithmarscher Bucht liegt Büsum, das als ehemalige Insel im 16. Jahrhundert an das Festland angedeicht wurde. Es ragt heute weit in die Nordsee hinein. Der Büsumer Hafen ist ein wichtiger Stützpunkt der schleswig-holsteinischen Fischerei.

Strandräuber und gottesfürchtige Leute

An der Geschichte Büsums wird sehr deutlich, welche gestaltende Kraft der Landgewinnung zukommt. Heute präsentiert sich der am weitesten westlich gelegene Ort Dithmarschens als Vorposten in das Wattenmeer hinein, seine Lage nutzt der Fischerei ebenso wie dem Tourismus. Bis zum Ende des 16. Jahrhunderts war Büsum nicht trockenen Fußes zu erreichen, es lag als Insel vor Wesselburen und Wöhrden und gehörte mit diesen Kirchspielen zusammen zur Westerdöfft.

Erstmals wird Büsum um das Jahr 1140 erwähnt. In der betreffenden Urkunde geht es um Einkünfte für das Hamburger Domkapitel. Der Erzbischof von Bremen übertrug den Hamburgern Nutzungsrechte auf der Insel. Allerdings haben die Büsumer ein belastetes Verhältnis zu Hamburg gehabt, denn die Inselbewohner übten sich nicht nur in Landwirtschaft und Schiffahrt, sondern auch in Seeräuberei.

Im Jahre 1281 kam es zu einem Einigungsversuch zwischen den Dithmarscher Kirchspielen und Hamburg. In Meldorf wurde ein Vertrag abgeschlossen, in dem es hieß: „Sämtlichen Christgläubigen, welche die gegenwärtige Urkunde sehen werden, entbieten Ritter, Vögte und Gesamtheit des Landes Dithmarschen ihren Gruß im Herrn. Da ein Vertrag einstmals zwischen der Stadt Hamburg einerseits und unserem Land andererseits abgeschlossen und von beiden Seiten durch Sonderrechts bekräftigt worden ist, dieser Vertrag aber von einigen unserer Leute verletzt worden ist, so haben wir uns schließlich auf den Rat sachkundiger Männer... mit den Ratleuten und der Gesamtheit der Hamburger in dieser Weise vereinbart: Wenn Hamburger und Lübecker Bürger oder ihre Gäste von irgendeinem Teil des Meeres, der Elbe, der Eider oder des Landes, sei es wegen eines Notfalls oder aus eigenem Antrieb, in unser Land gelangt sind, so sollen sie an Schiffen, Waren, Leib und Leben von uns geschützt sein, und wir werden umgekehrt gleichermaßen Gunst und Frieden in der Stadt Hamburg haben. Wenn jemand, aus welchem Geschlecht auch immer, sich als Verletzer dieser vereinbarten Ordnung erweisen und ein Kläger deswegen Beschwerde geführt hat, wird ihm das Kirchspiel, in dem der Beklagte ansässig ist, zur Wiederbeschaffung seiner Güter und zu seinem Recht verhelfen, und der Beklagte soll, wenn er flüchtig wird, im übrigen nicht in unser Land zurückkehren dürfen und aus seinen zurückgelassenen Gütern dem Kläger in allem Genugtuung leisten.

Wenn aber irgendein Kirchspiel zu schwach ist, sich gegenüber dem (Friedens)brecher durchzusetzen, sind wir (die Gesamtheit des Landes) verpflichtet, jenem Kirchspiel einmütig mit kräftiger Hand zu helfen. Wenn wir dieses aber versäumen, soll dieser Friede und diese Eintracht als durch uns verletzt gelten." Freilich ist Papier geduldig, und die Büsumer dachten gar nicht daran, sich an diese Abmachungen zu halten. Der Chronist Neocorus, der eigentlich Johann Adolph Köster hieß und um das Jahr 1550 in Büsum geboren wurde, bezeichnete seine Büsumer als mannhafte, aber auch frevelige, mutwillige und streitbare Gesellen. Letztlich zog sich das Problem der Strandräuberei noch durch zwei Jahrhunderte, bis es Mitte des 15. Jahrhunderts in bürgerkriegsähnlichen Zuständen endete und die hamburgfreundliche Partei dabei obsiegte.

Zwischenzeitlich verlagerte sich die Insel Büsum nach Norden, denn im Süden kam es zu großen Abbrüchen, bei denen auch Siedlungen dem Meer überlassen werden mußten. Im Norden entstanden Vorländereien. Der Anschluß an das Festland vollzog sich aber erst, als Dithmarschen seine Eigenstaatlichkeit nach 1559 verloren hatte. Im Jahre 1584 verpflichtete der Gottorfer Herzog alle Bewohner zur Mithilfe. Mit der Abdämmung des Stromes, der die Insel Büsum von Dithmarschen trennte, wurde 1585 begonnen; nach einer westlichen und einer östlichen Deichlinie, die einen festen Korridor trockenlegten, und weiteren Erhöhungen bereits vorhandener Deiche war das Andocken der Insel, die Landfestwerdung, erst 1609 abgeschlossen.

Daß die Büsumer Kirche, die Mitte des 15. Jahrhunderts auf einer Warft entstand, St. Clemens, dem Schutzheiligen der Schiffer und Küstenbewohner geweiht ist, liegt angesichts der Tatsache, daß das ganze Leben der Büsumer von der Nordsee bestimmt wurde, nahe. In der Seefahrerkirche ist eine Gestühlswange aus dem Jahr 1564 erhalten, auf der die älteste Darstellung Martin Luthers in Schleswig-Holstein zu sehen ist. Das Geschlecht der Diekbolingmannen demonstrierte damit die Treue zum protestantischen Glauben. Die Büsumer, auch das mag das Bild des Reformators zeigen, waren nicht nur mutwillige und streitbare, sondern auch gottesfürchtige Leute.

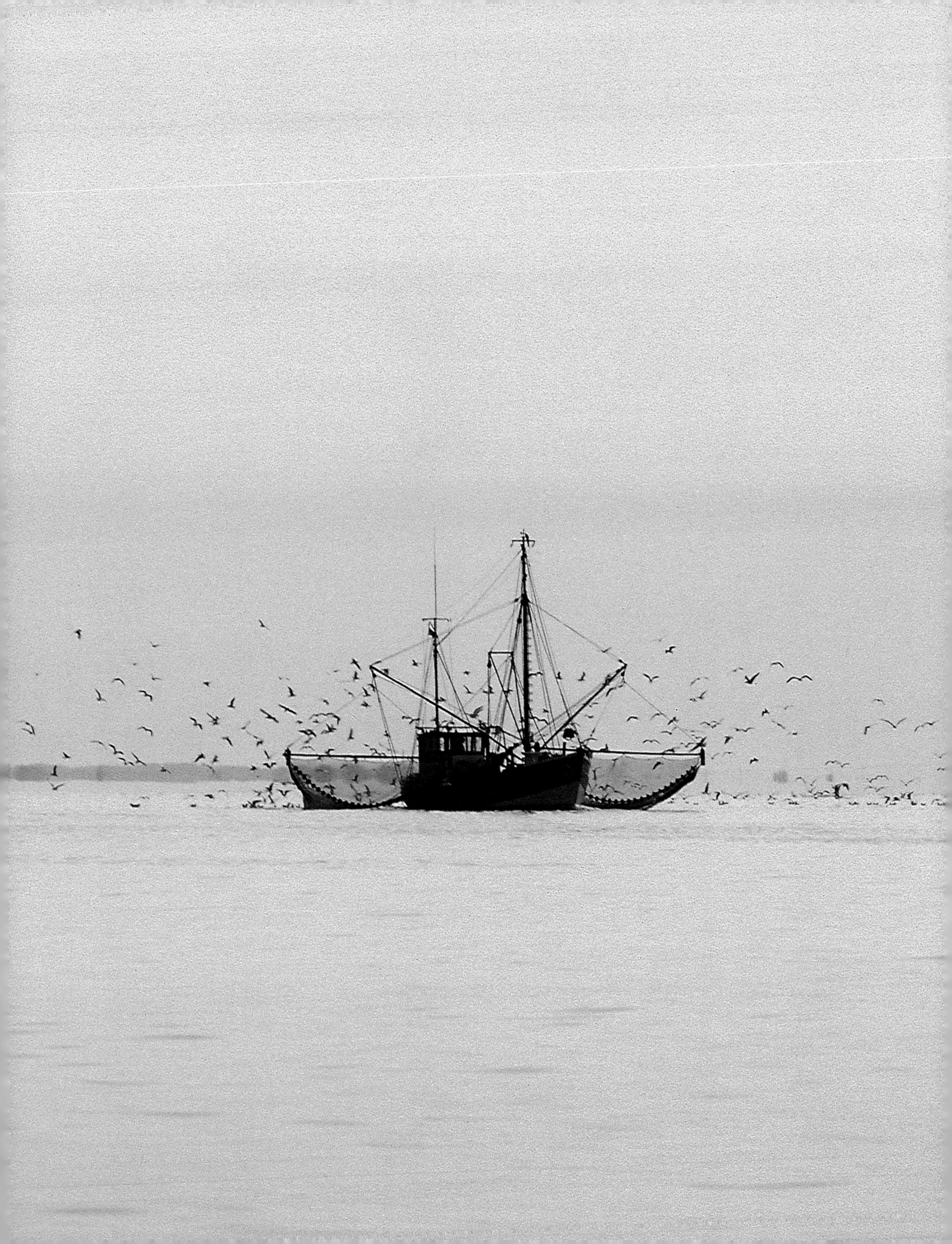

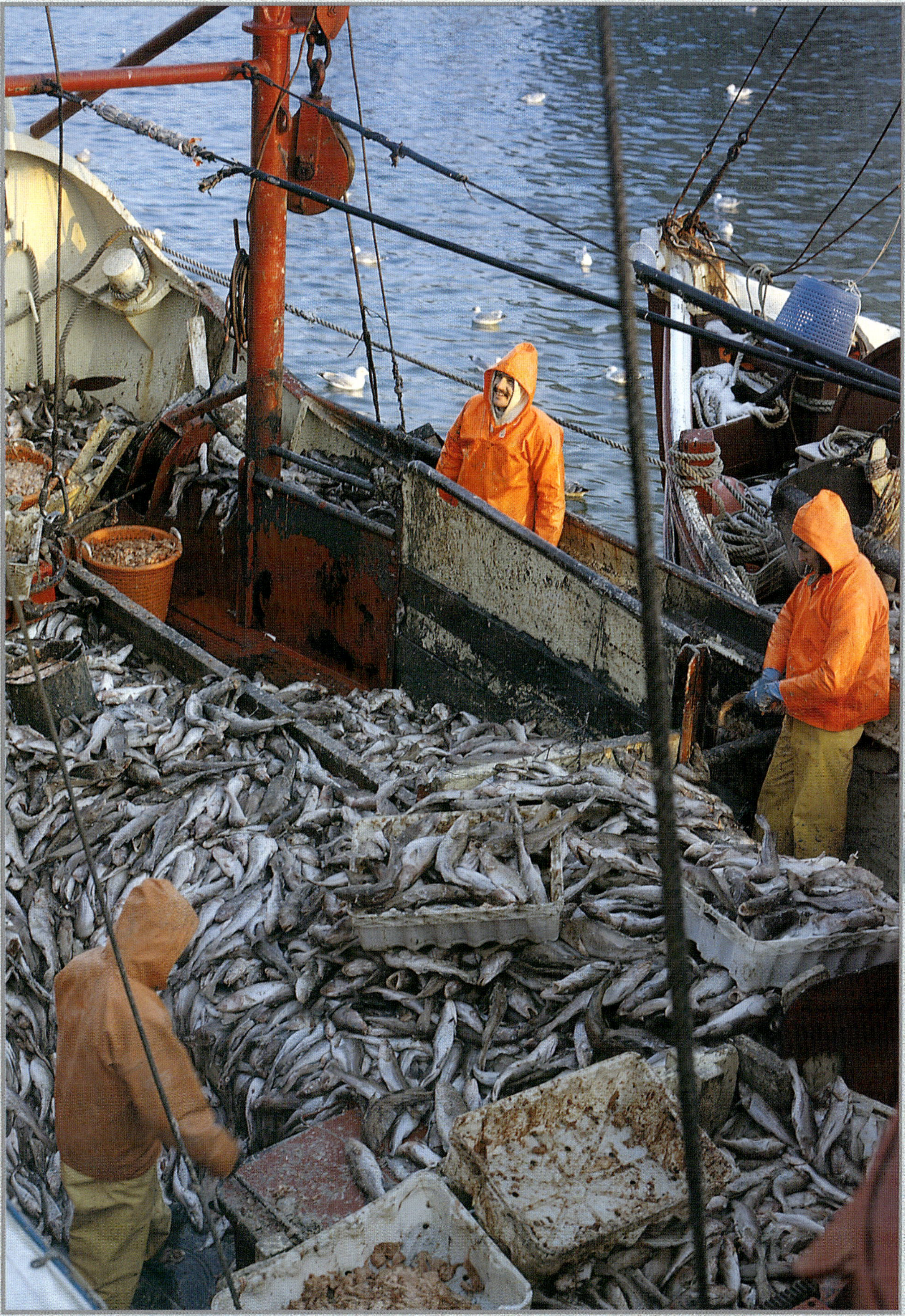

Büsum ragt als Vorposten in das Wattenmeer und ist somit ein wichtiger Standort für die Fischerei. Im 19. Jahrhundert fing man Fisch vor allem im Nebenerwerb und zur Selbstversorgung. Erst als die Eisenbahn nach Büsum und Friedrichskoog kam, entwickelte sich die Küstenfischerei zu einem wichtigen Erwerbszweig. Per Bahn kam der Fang frisch auf die Märkte im Binnenland.

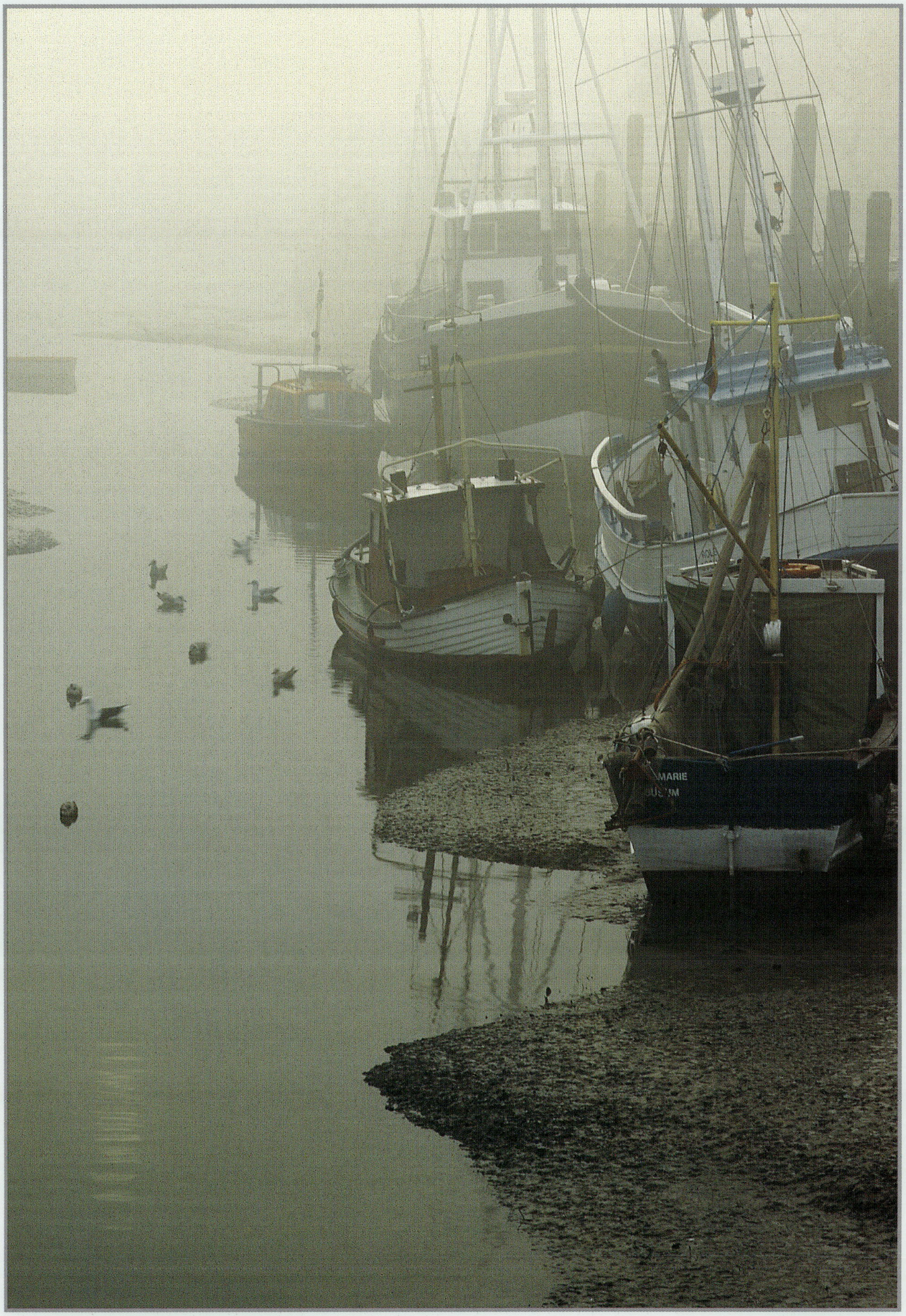
MARIE

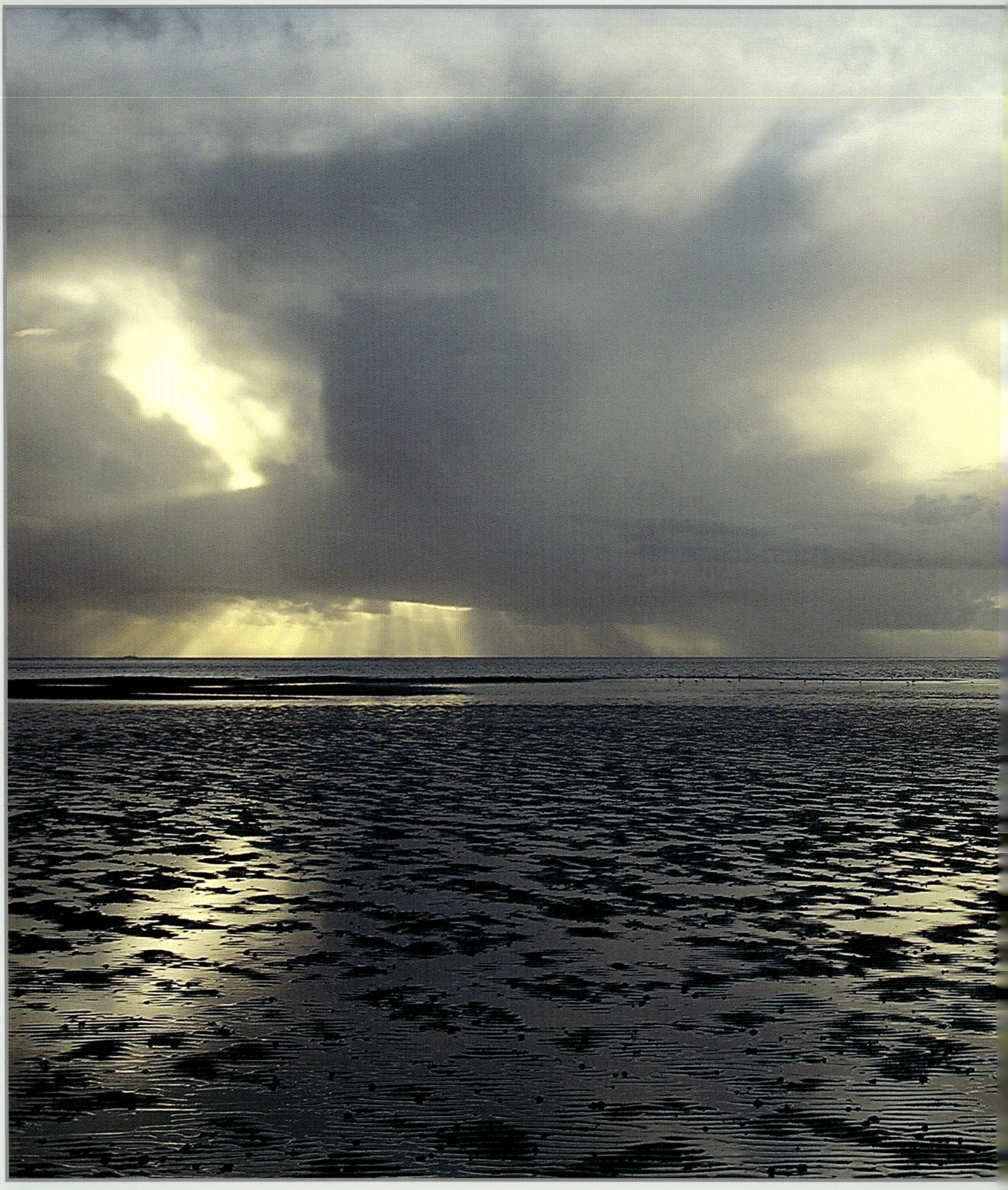

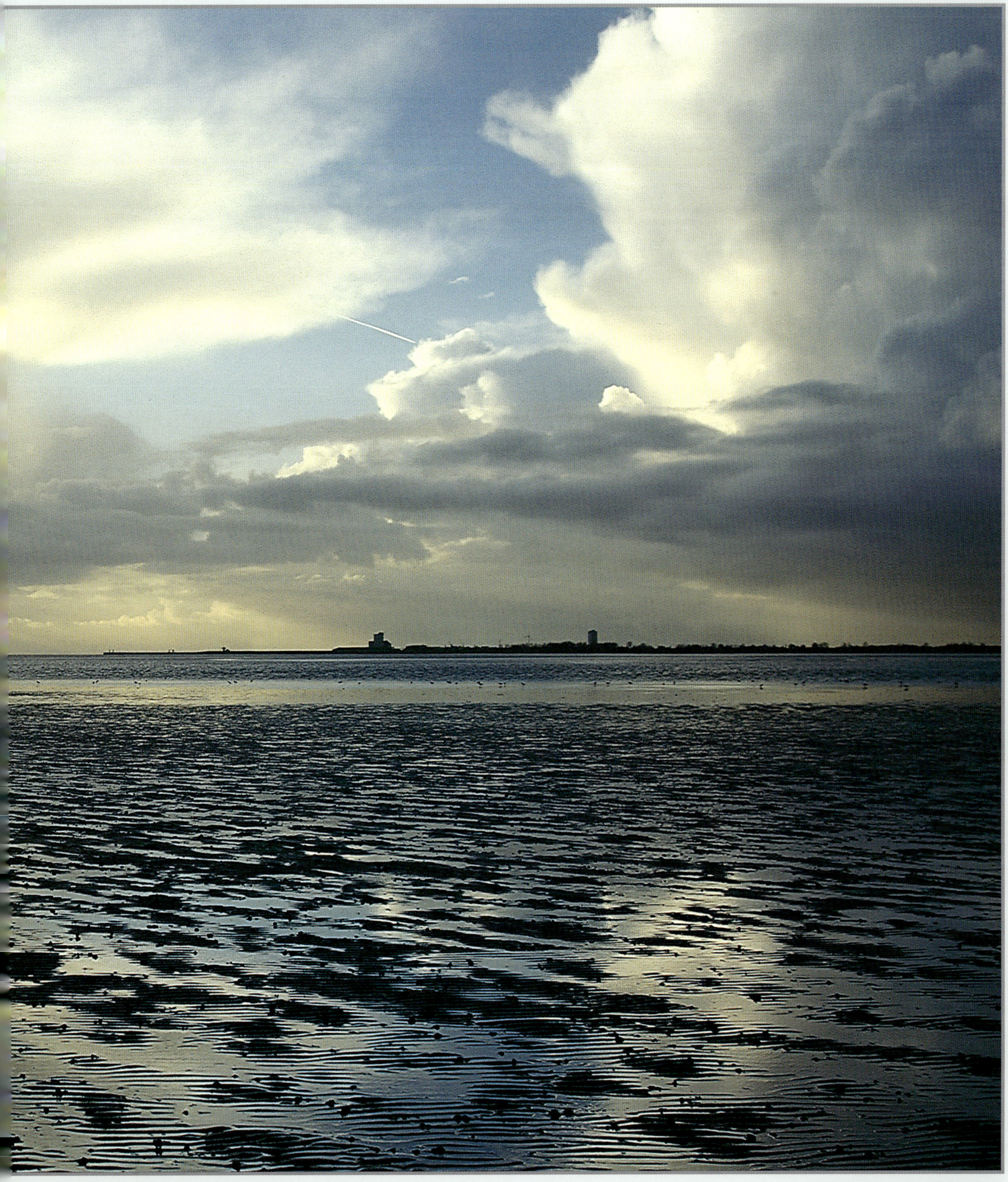

Der Strand von Büsum ist ein beliebtes Ausflugsziel. Büsum ist ein Pionier-Ort des Fremdenverkehrs an der Nordsee. Schon 1818 gab es hier einige sommerliche Badegäste – freilich bestiegen sie das Meer noch vom Badekarren aus. 1883 war es das erste Nordseebad, das mit der Eisenbahn zu erreichen war.

Büsum v. d. Seeseite
Deichstrasse.
Allee-Strasse.
Gruss aus Nordseebad Büsum
Hotel Stadt Hamburg
Hotel Union
Hotel Deutscher Hof

„Den reizenden Eiderfluß hinauf..."

Dithmarschens nördliche ehemalige Landes- und heutige Kreisgrenze, die Eider, zieht sich wie ein Mäander in großen Schleifen durch die Landschaft. Bis weit hinauf in das Binnenland ist vor der Abdämmung der Flußmündung das Wechselspiel von Ebbe und Flut spürbar gewesen. Der Name des Flusses, durch den die Nordsee in das Binnenland hineinlangte, soll sich aus der nordischen Mythologie herleiten: Aus den beiden Worten Aegyr Dör, die „Tür des Meeresgottes Ägir", wurde Eider.

Der berühmte französische Schriftsteller Jules Verne (1828–1905) brachte die vom Strom geprägte Landschaft zwischen Dithmarschen und Nordfriesland sogar mit dem Amazonas in Verbindung: Verne reiste mit seiner Dampfyacht 1881 durch die Eider und den Eiderkanal von Tönning nach Kiel. Sein Bruder Paul, der ebenfalls an Bord war, zeigte sich in seiner Reisebeschreibung von der Flußlandschaft angetan.

Von Tönning aus fuhren sie „den reizenden Eiderfluß hinauf, der sich in unzähligen Krümmungen dahinwindet. Oft kommt man ganz nahe an den Punkt wieder zurück, wo man vorher war, und ich schätze die Länge der Wasserstraße von Tönning nach Rendsburg zu mindestens hundertfünfzig Kilometer, während die Luftlinie gewiß nicht mehr als etwa achtzig beträgt. Das Land ist flach, aber üppig grün und hat viele Weiden, auf denen sich Pferde, Kühe und Schafe zu Hunderten nach Herzenslust bedienen; von Zeit zu Zeit erscheinen einzelne bewaldete Hügel, Fabriken, Bauernhäuser mit ungeheuerem Strohdache..." Der Bericht Paul Vernes über die ursprüngliche Dithmarscher Flußlandschaft erschien 1881 erstmals als Anhang zu dem Amazonas-Roman „Die Jaganda" seines Bruders Jules Verne.

Tatsächlich muß es in den frühen Zeiten der Kirchspielsgründungen, Jahrhunderte vor Jules Vernes Besuch, hier ausgesehen haben wie in einer Ur-Landschaft. Das Kirchspiel Tellingstedt, das sich schon vor 1070 von Meldorf abspaltete und die im 13. Jahrhundert wiederum von Tellingstedt abgezweigten Kirchspiele Hennstedt und Delve liegen auf dem nördlichen Geestausläufer, der Norderhamme, und waren umgeben von unwegbaren Niederungsgebieten, Sümpfen und Zuläufen zur Eider.

Tellingstedt entwickelte sich seit 1680 zum Zentrum der Töpferei in Dithmarschen, Mitte des 19. Jahrhunderts war der Scheitelpunkt der Entwicklung erreicht, und die Zahl der Töpfereien ging wieder zurück. Der Dichter Klaus Groth aus Heide, der seinen Onkel in Tellingstedt häufig besuchte, hat beschrieben, wie es um 1830 in der Werkstatt eines Töpfers zuging:

„Der Geselle saß hinter der Drehscheibe, ein Gerät wie zwei hölzerne Teller an einer Stange, die aufrecht steht, der untere Teller groß wie ein Wagenrad. Der Mann saß im Hemd, auch im Winter, die Arme hochgekrempelt und mindestens mit einem unbekleideten Fuß, mit dem er die Scheibe drehte. Wenn er sie richtig in Schwung hatte, wie einen Kreisel, dann warf er einen Klumpen nasse Töpfererde mitten auf den kleinen Teller, daß es an die Fenster und einem um die Ohren spritzte. Dann ließ er ihn durch die Hand laufen, bis er glatt war, griff mit beiden Daumen hinein, zog ihn hoch, wie man einen eingedrückten Hut hochziehen kann; der Klumpen wurde wie ein Krug, wie ein Blumentopf, wie eine Kruke, wie eine Kanne, als würde er sich in alle möglichen Topfformen verwandeln, bis er das richtige fand, was er werden sollte: er richtete sich auf und bekam Henkel, oder er breitete sich flach aus zu einer Milchsette. Die Scheibe wurde mit dem bloßen Fuß angehalten wie ein Wagenrad, bei dem man in die Speichen fast, das Gefäß mit einem feinen Messingdraht abgeschnitten; er faßte es mit flachen Händen an, so daß es noch einmal wie eine leere Papiertüte fast zusammenklappte, und wunderte sich, daß es auf dem Brett, wohin es gestellt wurde, wieder in seine Form zurechtfiel wie alle anderen, die dort standen. Der Mann wischte sich den Schweiß ab, und es ging von neuem los."

Delve ist über die Eider unmittelbar mit der Nordsee verbunden, sein Hafen war im 19. Jahrhundert ein bedeutender Umschlagplatz für Küstensegler. Allerdings hatten die Menschen auch unter der Wassernot zu leiden, wenn die Meereswoge in das Land griff: Eine Flut soll sich 1652 im Vorspuk angekündigt haben: Eine Frau aus dem Kirchspiel Delve sieht bei sich im heißen Backofen Fische munter wie im Wasser umherspringen. Ihr Mann versteht sofort, was die Stunde geschlagen hat. Er und diejenigen, die ihm glaubten, zogen auf die höhere Geest um. Die, die ihm nicht glaubten, blieben dort und mußten bei der großen Flut mit dem Leben bezahlen.

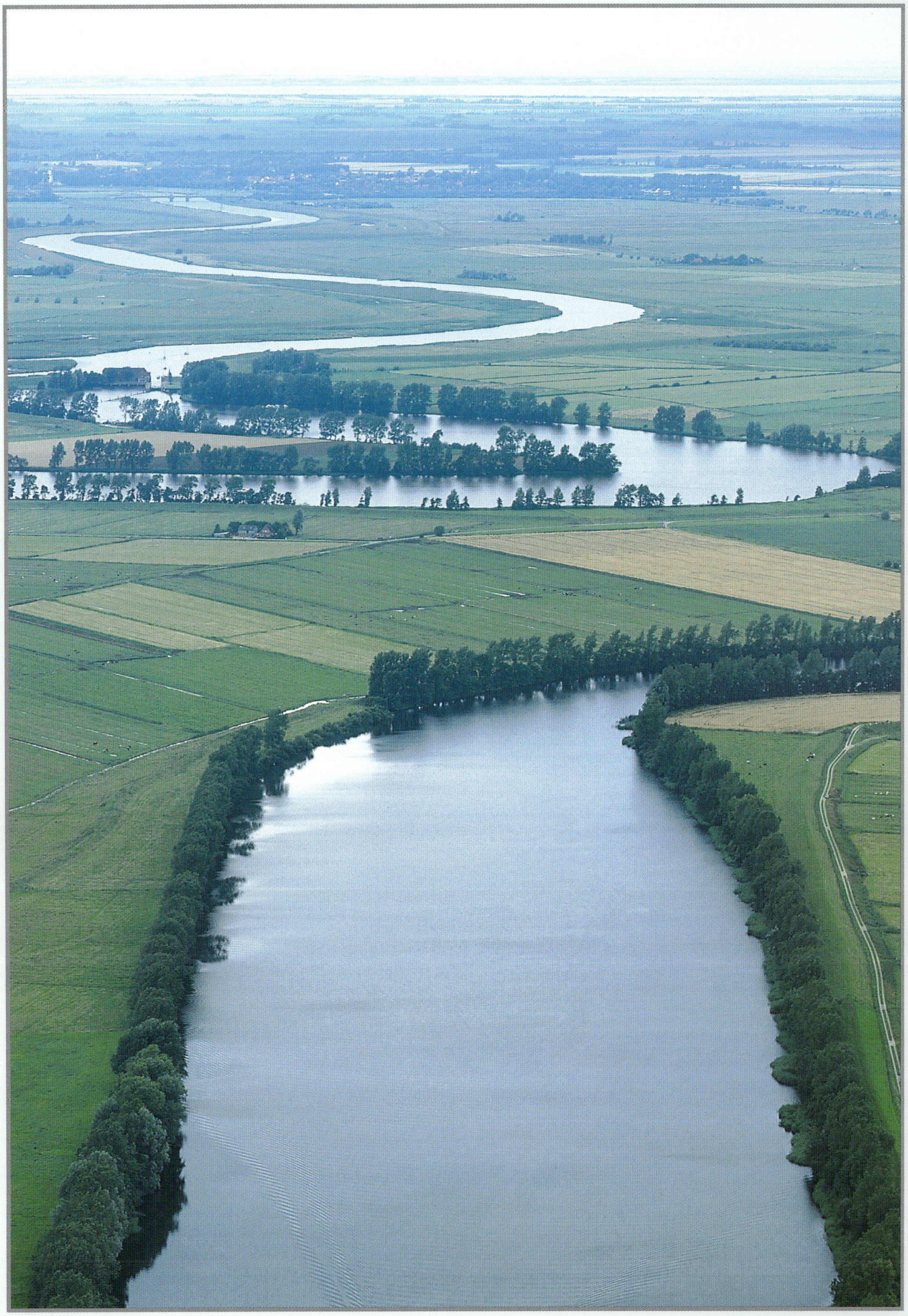

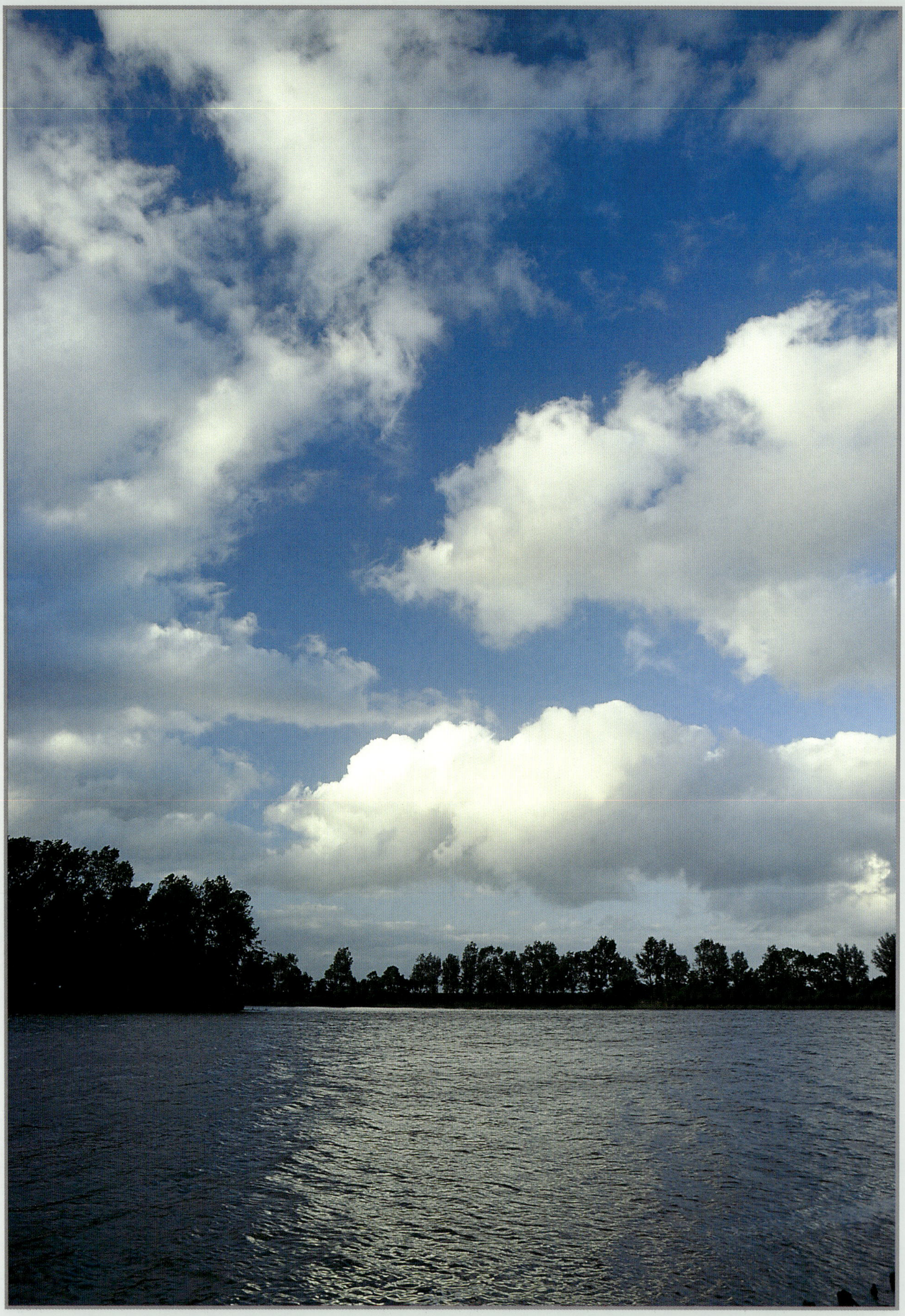

Delve war im 19. Jahrhundert ein bedeutender Umschlagplatz für Frachtensegler. Durch die schiffbare Eider war der Ort, obwohl er im Binnenland liegt, unmittelbar mit der Nordsee verbunden. Dies bedeutete aber auch, daß das Kirchspiel litt, wenn Sturmfluten das Nordseewasser die Eider hinaufpreßte.

Im Zuge des großen Kirchenbauens im 12. und 13. Jahrhundert ist auch die Hennstedter Secundus-Kirche errichtet worden. Das Kirchspiel Hennstedt ist offenbar vom Urkirchspiel Tellingstedt abgezweigt worden.

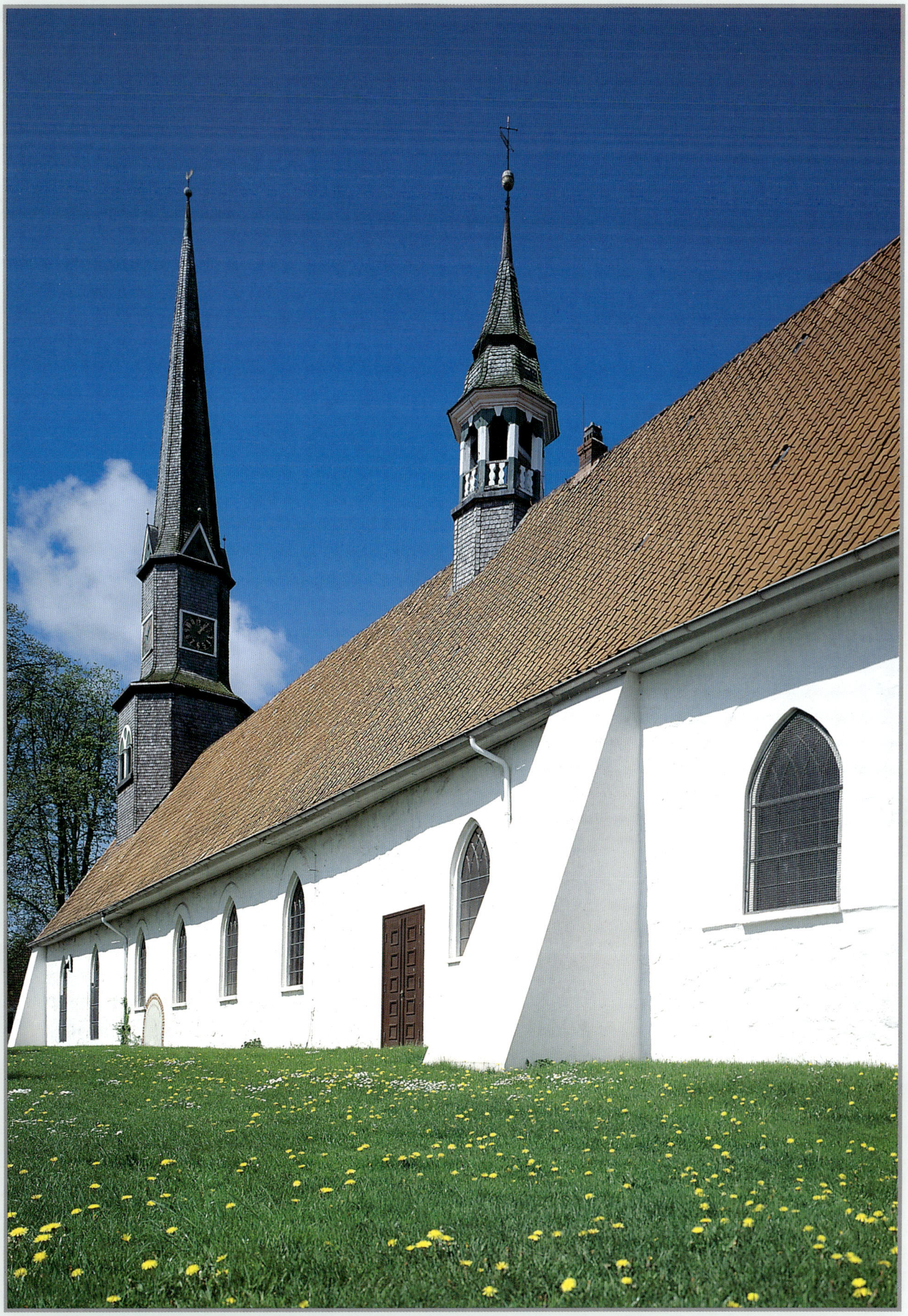

Die Tellingstedter Kirche ist aus festem und preiswertem Material hergestellt: aus Feldsteinen. Im Chor der Kirche ist versucht worden, aus den unbearbeiteten Feldsteinen dennoch ein regelmäßiges Mauerwerk aufzubauen, für die ganze Kirche konnte diese Mauerweise dann doch nicht durchgehalten werden.

Seit 1680 entwickelte sich Tellingstedt zum Zentrum der Töpferei in Dithmarschen, Mitte des 19. Jahrhunderts hatte diese Entwicklung ihren Höhepunkt erreicht. Es blieb ein Betrieb, dieser spezialisierte sich in den 1920er Jahren auf Kunstkeramik und produzierte traditionelle Formen. Den Ton für die Ware holt man aus den Tongruben in Schalkholz und Hövede nördlich Tellingstedts. Ein typisches Beispiel für den hiesigen Stil ist das Vogeldekor des sogenannten Hochzeits- oder Brauttellers.

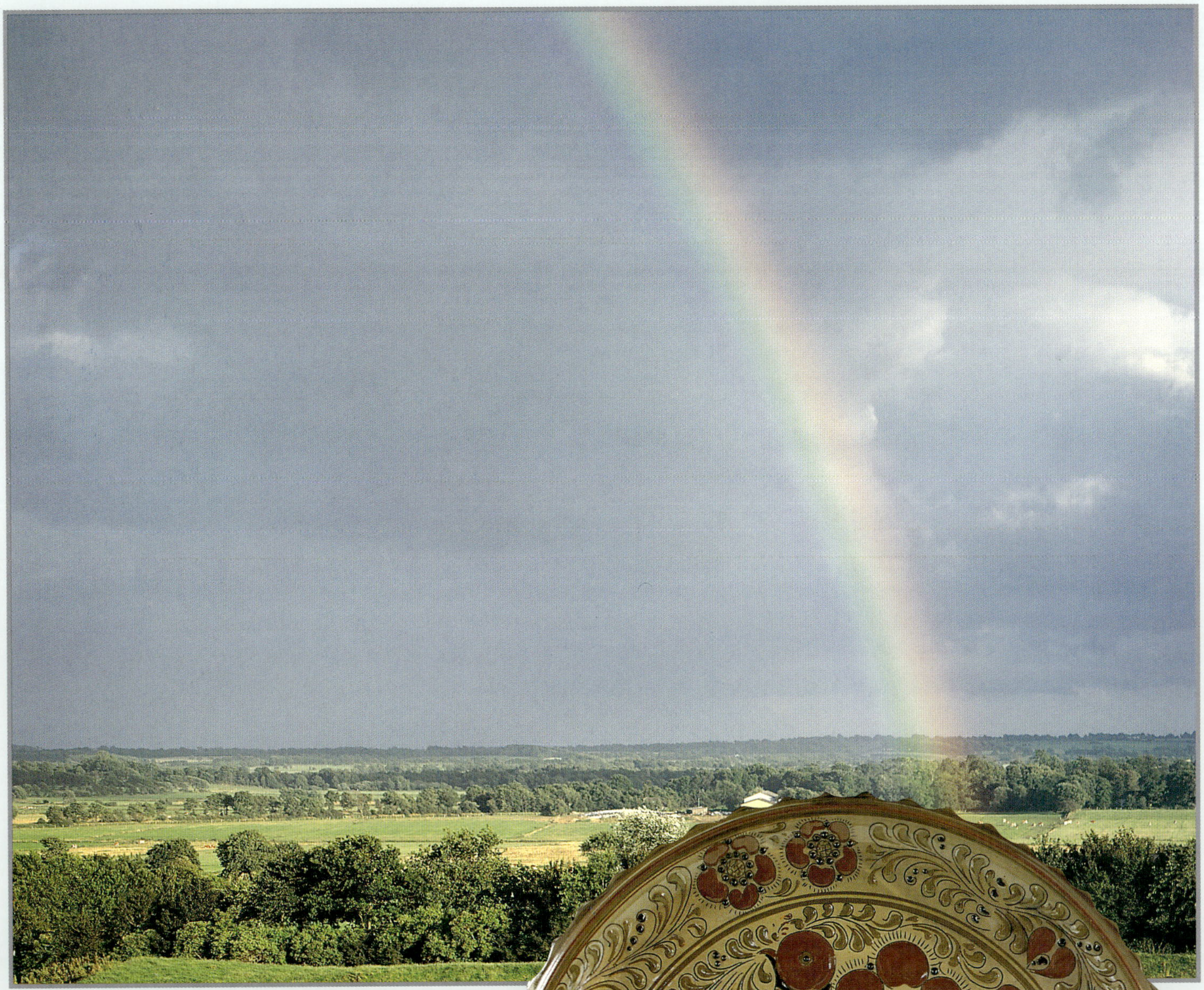
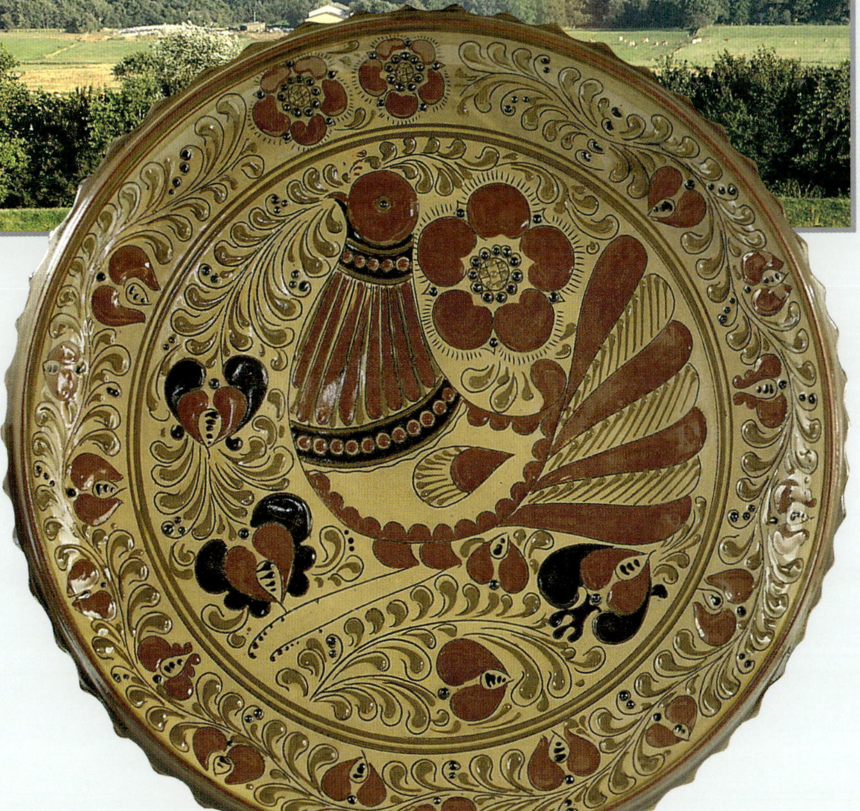

Bei Arkebek in der Nähe von Albersdorf hat sich ein großer bronzezeitlicher Grabhügel erhalten, der von hohen Bäumen umstanden ist und einen markanten Akzent in der Landschaft darstellt.

Bei Albersdorf müssen viele Riesen gewesen sein…

Als die Albersdorfer Kirche gebaut wurde, erzürnte ein im Norden wohnender Riese so sehr darüber, daß er einen Stein aufnahm und gegen das Dorf warf. Aber, so geht die Sage, seine Augen wurden verschielt und der Stein fiel, ohne Turm und Kirche zu treffen, auf dem Brutkamp nieder. Bei Albersdorf müssen, folgt man der Überlieferung, „überhaupt viele Riesen gewesen sein", denn die zahlreichen Riesenbetten schienen ja darauf hinzudeuten.

In den Volkserzählungen sind die Anordnungen großer Steine, die Großsteingräber bilden, Lebenszeichen für Wesen mit übernatürlichen Kräften. Daß Riesen derartige Kräfte aufbringen mochten, solche Steine zu transportieren, lag nahe. Diese Steingebilde dienten der Überlieferung nach als Unterschlupf für Unterirdische und Treffpunkte für allerhand Spukgeister. In einer anderen Sage heißt es: Auf einem Acker bei Albersdorf, der Brutkamp genannt wird, befindet sich ein Gehölz um einen Hügel. Darin ist eine Höhle, die von fünf großen Steinen gebildet wird; einer liegt oben darüber. Dieser Stein heißt Ofenstein. Vor Zeiten haben darin die Unterirdischen gewohnt. Darum mußte jeder, der vorüberging, entweder jedesmal oder wenigstens das erste Mal etwas dalassen, „wenn es auch nur ein Bändchen oder ein Senkel wäre. Jedem, der einen Sechsling in der Höhle opferte, soll, wenn er eine Strecke vorwärts gegangen, immer ein kleines Brot vor die Füße gelegt sein."

Ein anderer solcher Ofenstein lag nicht weit von Albersdorf zwischen Schrum und Arkebek in der Gegend der Quellen der Gieselau. Darin lag ein Besen, und der Ofen mußte, so heißt es, allezeit reingefegt sein. Wer des Morgens zuerst kam und ihn ausfegte, der fand jedesmal einen Sechsling oder ein anderes Geldstück darin. Soweit die volkstümliche Deutung der Tatsache, daß es bei Albersdorf eine Konzentration von sichtbaren Zeugen der Ur- und Frühgeschichte gibt, wie sonst in nur wenigen anderen Regionen Norddeutschlands. Deshalb gelten Albersdorf und die nähere Umgebung als „klassische Quadratmeile der Archäologie". Schon der Chronist Neocorus hat diese Monumente der Vorzeit beschrieben.

Wir wissen heute, daß die Großsteingräber nicht von Riesen oder Hünen erbaut wurden, sondern von Menschen. Im Museum für Dithmarscher Vorgeschichte in Heide sind die Zeugnisse der archäologisch überlieferten Geschichte der Region dargestellt, und dort erfährt man auf anschauliche Weise, wie beispielsweise der Bau der steinzeitlichen Monumente bewerkstelligt wurde.

Mit den Großsteingräbern begegnen uns vielmehr Hinterlassenschaften der ersten Bauern unseres Landes, und die Gräber sind die sichtbaren Überreste einer Periode, die als neolithische Revolution bezeichnet wird. Die Menschen begnügen sich in dieser Phase nicht mit der vorgefundenen Naturlandschaft, sondern beginnen eine Kulturlandschaft zu formen. Mit den entwickelten Kulturen der Bauernsteinzeit gewinnt die Keramikherstellung an Niveau, reich verzierte Gefäße sind ebenso erhalten wie Gefäße, die von besonderem handwerklichen Geschick zeugen.

Die Großsteingräber können als besondere Zeugnisse für Seßhaftigkeit gelten. Sie sind regelrechte Totenhäuser, die es rechtfertigen, von einer Architektur der Steinzeit zu sprechen. Von dieser Zeit bis in das 19. Jahrhundert hinein sollte die Landwirtschaft der Haupterwerbszweig der meisten Menschen in Dithmarschen bleiben. „Die einschneidenden zivilisatorischen Veränderungen, die durch seßhafte Siedlungsweise bestimmt werden", schrieb Kurt Schietzel, „der einhergehende Getreideanbau, der zu ökologischen Eingriffen nie gekannten Ausmaßes führte, Tierhaltung, aber auch Verbesserung der Arbeitsgeräte und die Erfindung keramischer Gefäßproduktion sind kulturgeschichtliche Schritte, die unsere heutigen Lebensgrundlagen bestimmen."

Das Großsteingrab „Brutkamp" besitzt den größten Deckstein, der in Schleswig-Holstein erhalten geblieben ist, er wiegt schätzungsweise 15 Tonnen und hat einen Umfang von fast zehn Metern. Der Archäologe Volker Arnold hat einmal beschrieben, wie derartige Kolosse vor mehreren tausend Jahren bewegt wurden: „Der Transport solcher Riesensteine erfolgt am günstigsten auf ständig nachzulegenden rollenden Stämmen unter Ausnutzung der Hebelwirkung längerer Stämme oder Äste. Günstig dazu ist hartgefrorener Boden. Da gedrehte Schnur bekannt war, ist es nicht unmöglich, daß auch Seile zu Hilfe genommen wurden. Auf jeden Fall ist der Transport des schweren Decksteins eine Gemeinschaftsleistung gewesen, die ein bis zwei Dutzend Beteiligte erfordert." Um den Deckstein dann auf die bereits angeordneten Tragsteine zu bekommen, wird man den Hügel aufgeschüttet haben. Die Kammer des Brutkamp ist ursprünglich so groß gewesen, daß ein Mensch darin gebückt stehen konnte.

Zu den in Deutschland bekanntesten prähistorischen Monumenten gehört der Schalenstein von Bunsoh. Der Schalenstein ist einer von drei Decksteinen eines Großsteingrabes, das ursprünglich in einem Grabhügel vergraben lag. 1874 wurde es freigelegt. Allerdings zeigen archäologische Befunde, daß er zwischen Bauernsteinzeit und mittlerer Bronzezeit schon teilweise freigelegt gewesen sein muß: Der Schalenstein nämlich ist mit zahlreichen geheimnisvollen Zeichen bedeckt. Wissenschaftler gehen davon aus, daß dieser Stein Teil einer Kultstätte war und als „heiliger Stein" gegolten hat. Deshalb sind große und kleine Schalen in ihn eingerieben, Umrisse von Händen, ein heute kaum noch auszumachender Fuß und eine Schale mit einem Kreis drumherum.

Volker Arnold schrieb dazu: „Es muß ungeklärt bleiben, worauf es den Menschen damals bei dem Eintiefen der Schalen und Zeichen angekommen ist. Dieser Stein wurde sicher deswegen bevorzugt, weil er sich als Sandsteinkonglomerat besser zu solchen Dingen eignet als Granite und sonstige Urgesteine der übrigen Kammersteine, zudem die Eintiefungen mindestens zum größten Teil durch Steinwerkzeuge geschehen sein dürften." Und: „Auf Grund neuzeitlicher Vergleiche – eine Art Schalenkult hat sich vielerorts, auch in Dithmarschen, bis in die Neuzeit erhalten – könnte man annehmen, daß es im wesentlichen auf die Gewinnung des Gesteinsmehles ankam, dem in irgendeiner Weise heilende oder wundertätige Kräfte zugesprochen wurden. Das erklärt aber nicht die Hände und sonstigen Zeichen – vielleicht kam es hier darauf an, die Spuren einer unsichtbaren Gottheit zu verdeutlichen."

Großsteingräber sind eindrucksvolle Spuren der Besiedlung der Region vor etwa 5000 Jahren. Die 4800jährige steinzeitliche Grabkammer „Brutkamp" wird von dem gewaltigsten in Schleswig-Holstein erhaltenen Deckstein eines Steingrabes abgeschlossen. Er wiegt etwa 15 Tonnen. Der Sage nach hat ein erzürnter Riese den Koloß hierher geschleudert, weil er schielte und eigentlich die Albersdorfer Kirche treffen wollte. In der Wirklichkeit war es schwieriger: Auf ständig nachzulegenden rollenden Stämmen sind solche Steine vorwärts gehebelt worden. Dazu brauchte man ein bis zwei Dutzend Männer.

Einer der drei Decksteine dieses Großsteingrabes bei Bunsoh ist ein frühes Kunstwerk: zwischen der Jungsteinzeit und der Bronzezeit war er freigelegt. Er ist im Gegensatz zu den anderen Steinen, die aus härterem Granit sind, mit Rinnen, Schalen und Zeichen dekoriert. Was die Zeichen bedeuten, ist heute unbekannt. Auch Keramik aus der Zeit der Großsteingräber, die im Museum für Dithmarscher Vorgeschichte in Heide zu besichtigen ist, trägt bereits kunstvolle Verzierungen. Großsteingräber sind die Grabkammern in Grabhügeln, von denen manche allerdings nicht rund, sondern langgestreckt und fast rechteckig sind. Sie sind, wie im Breedenhoop bei Albersdorf, mit großen Steinen eingefaßt. Wegen der Größe der Anlagen haben unsere Vorfahren sie auch für Gräber von Riesen, also für „Riesenbetten" gehalten.

91

Geheimnisvolle Geest – unheimliche Geschichten

In einem Landstrich mit eigenwilliger Geschichte ist auch die Überlieferung reichhaltig. In Dithmarschen weisen zahlreiche Sagen und Märchen in längst vergangene Zeiten. Der als Sammler der Volkspoesie berühmt gewordene Germanist Karl Viktor Müllenhoff (1818–1884) aus Marne schrieb einmal, er glaube, „daß es nicht leicht irgendwo mehr Märchen gibt als in Dithmarschen". Dabei stellte er fest, daß in der jüngeren Marsch die Märchen verbreiteter waren: Sie handeln „irgendwo" und „irgendwann" und brauchen keinen Anker in der Wirklichkeit. Sagen dagegen von Unterirdischen, von Spukgestalten und solche, die auf historische Begebenheiten hindeuten, seien auf der älteren Geest verbreitet. So waren ja auch die gewaltigen ur- und frühgeschichtlichen Denkmäler für unsere Vorfahren Beweise für die Existenz von Riesen und Hünen, die uns ihre Betten und Gräber hinterlassen hätten.

Immer schon waren auch die Moore unheimliche Orte von besonderer Faszination. Hier verlieren wir den festen Boden unter den Füßen. „Denn ward dat Moor so wit und grot,/denn ward de Minsch so lütt to Moth", schrieb der Dithmarscher Dichter Klaus Groth (1819–1899).

In der Phantasie des Volksmundes, der Dichter und der Geschichtenerzähler werden natürliche Erscheinungen, ungewöhnliche zumal, zu geheimnisvollen Zeichen und Relikten. Die Fünffingerlinde im Riesewohld bei Odderade ist gewachsen wie eine menschliche Hand, ihre Kontur läßt Handfläche, Daumen und vier Finger erkennen. Der Sage nach soll hier ein Unschuldiger, der ganz zufällig des Weges kam, von wütenden Bauern erschlagen und verscharrt worden sein. Die aufgebrachten Bauern verdächtigten ihn, ein Mädchen erschlagen zu haben. Wie um für alle Zeiten seine Unschuld zu beschwören, habe der mächtige Baum sich als Schwurhand aus seinem Grab erhoben. Zugleich war mit der Linde ein Mahnmal aus dem Waldboden gewachsen, das den wahren Mörder für alle seine Tage um den Seelenfrieden gebracht haben mag.

Der Harkestein in Röst, zwischen dem Krumstedter Moor und der Fünffingerlinde bei Odderade gelegen, ist der größte Findling Dithmarschens, der noch erkennbare Reste eines Spaltversuchs trägt. In die eingeschlagenen Keillöcher sollten Holzkeile gesteckt und gewässert werden. Durch die Kraft des aufquellenden Holzes sollte der Findling gesprengt werden. Der Überlieferung nach war der Ort, an dem das Relikt aus der Eiszeit liegt, ein Hain, der der Göttin Harke geweiht gewesen sein soll. Der Stein, der die kultische Stätte markiert, soll unter besonderem Schutz stehen. Derjenige, der es wagen würde, Hand an das Monument zu legen, werde von Blitz und Donner getroffen. Und so hätten auch grelle Blitze und krachender Donner noch um die Jahrhundertwende den letzten Versuch vereitelt, den mächtigen Stein zu spalten. Freilich macht es den Eindruck, als sei der vordere Teil des Findlings einmal abgespalten worden.

Ebenfalls unheimlich mutet im südlich von Krumstedt gelegenen Süderhastedt ein zweiteiliges Halseisen an, das an einer Linde am Aufgang zur Dorfkirche angebracht ist. Hier am Weg zum Gottesdienst wurde an den Pranger gestellt, wer gegen Recht und Ordnung verstoßen hatte. Noch bis zum Anfang des 19. Jahrhunderts wurden etwa Holzdiebe „am Sonntag Morgen, eine Stunde, während die Leute zur Kirche gehen, am Kirchspiels-Pranger, der für die Felddiebe auf dem Kirchhofe stehet, an denen daran befindlichen Halseisen vom Armenvoigt gestellet, dem er 16 Schill. dafür bezahlt, und würde sich jemand dessen mit Gewalt entlegen, so werden noch die Gerichtsdiener auf seine Kosten requiriret".

Nicht weit von Süderhastedt hat man der Sage nach auf einem Heideviert des Nachts einen König gesehen, der auf einem grauen Schimmel daher kam. Er soll ins Dorf gekommen sein und bei einem Holunderbaum an der Süderhastedter Kirche gebetet haben. Man sagte, dies sei der König, der Dithmarschen die Freiheit genommen habe. In der Marsch hat man die Erzählung variiert: Danach, so die Prophezeiung, soll auf dem Heideviert eine Schlacht toben. Unter dem Getöse des Kampfes kommt der König, um an besagtem Holunder zu beten. „Dann aber werden dreihundert Dithmarscher mit Sensen, Forken und Dreschflegeln bewaffnet hinter der Kirche hervortreten", und einer wird dem König sagen, er solle guten Mutes sein, er hätte ihnen zwar die Freiheit genommen, sie aber wolltem ihm beistehen. Dann wird der König sich erheben und gehen. Das Schlachtenglück werde sich zugunsten der Dithmarscher wenden, und es werde die Zeit eines langen glücklichen Friedens folgen.

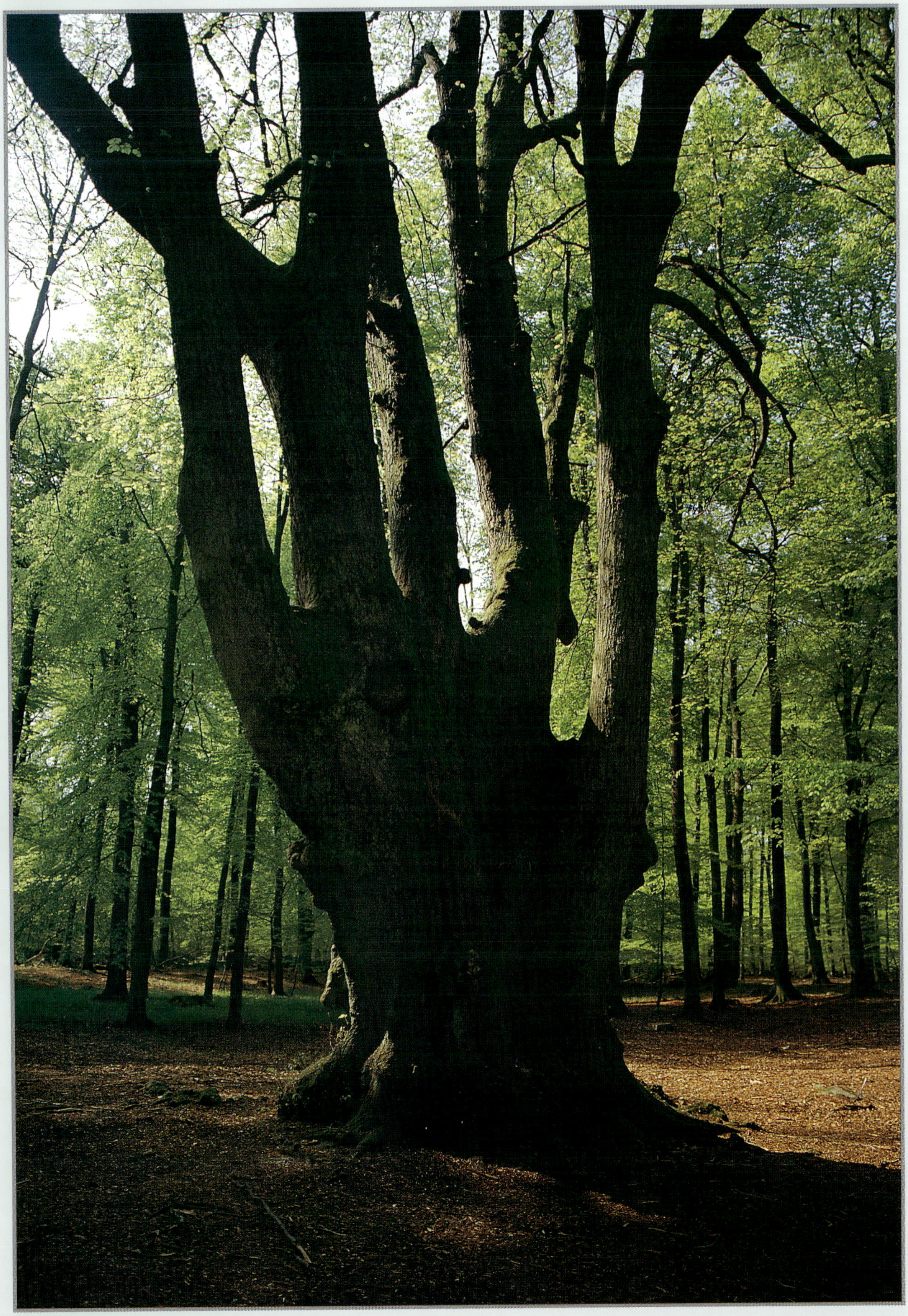

Der Versuch, den mächtigen Harkestein in Röst zu spalten, ist gescheitert, nur das erfolglose Bemühen hat Spuren hinterlassen. Der Stein soll eine kultische Stätte markieren; wer Hand an ihn legt, der werde von Blitz und Donner getroffen. Ebenfalls unheimlich mutet das zweiteilige Halseisen an einer Linde bei der Süderhastedter Kirche an. Hier wurde angekettet und an den Pranger gestellt, wer gegen Recht und Ordnung verstieß.
Den Mooren wie dem Krumstedter Hochmoor haftet etwas Unheimliches, ganz und gar Spukhaftes an: Hier findet niemand wieder heraus, hier verliert jeder den festen Grund unter den Füßen.

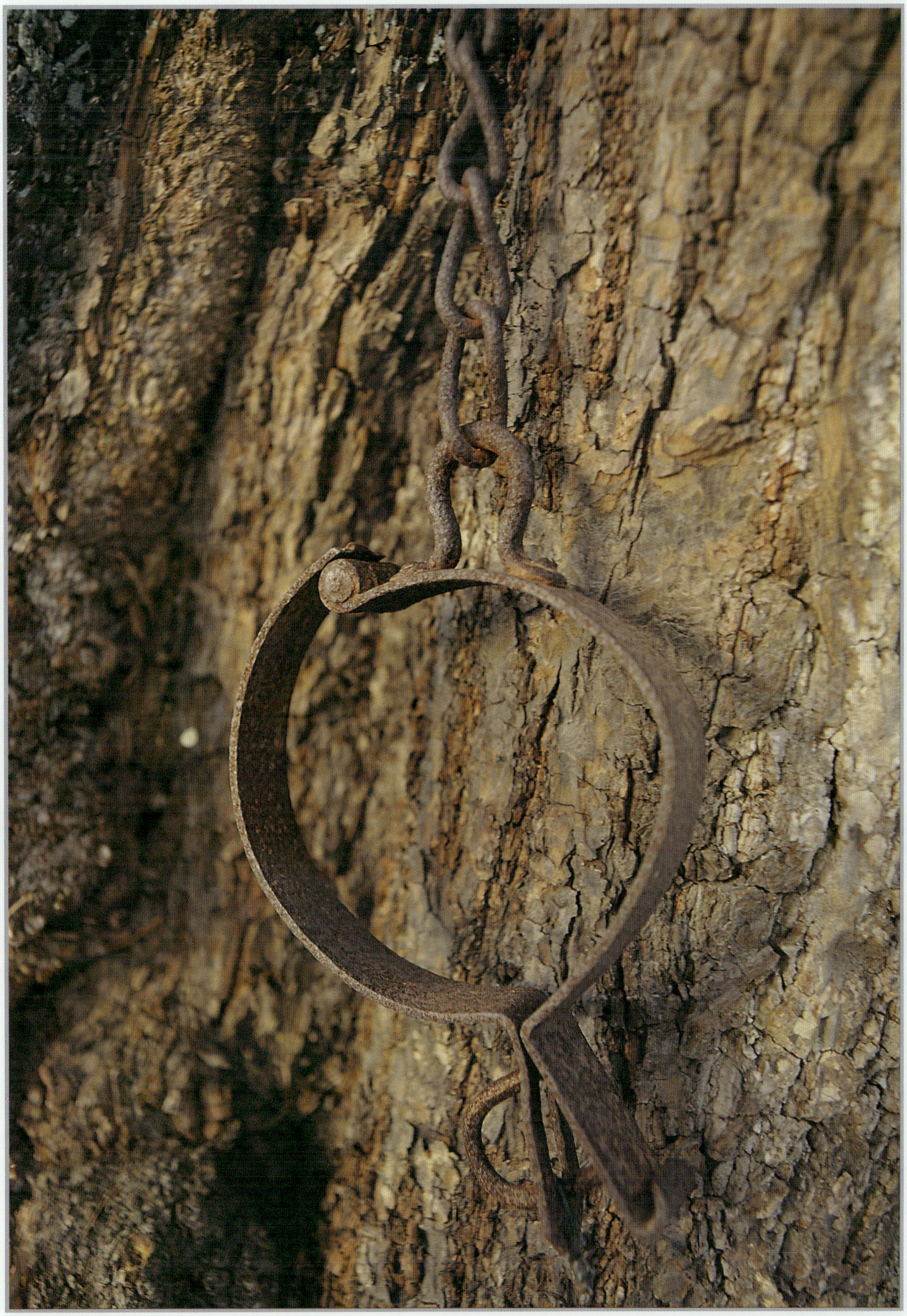

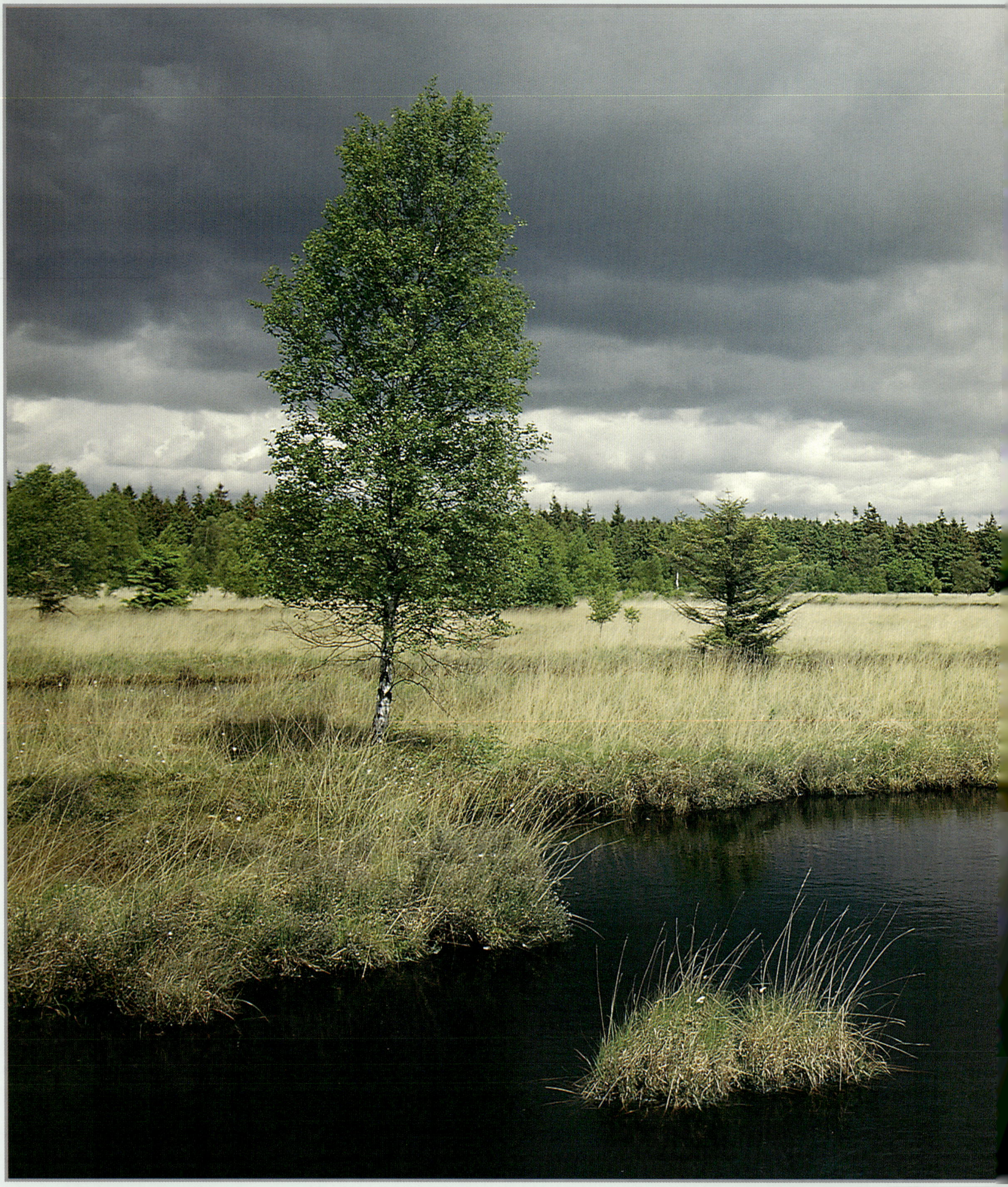

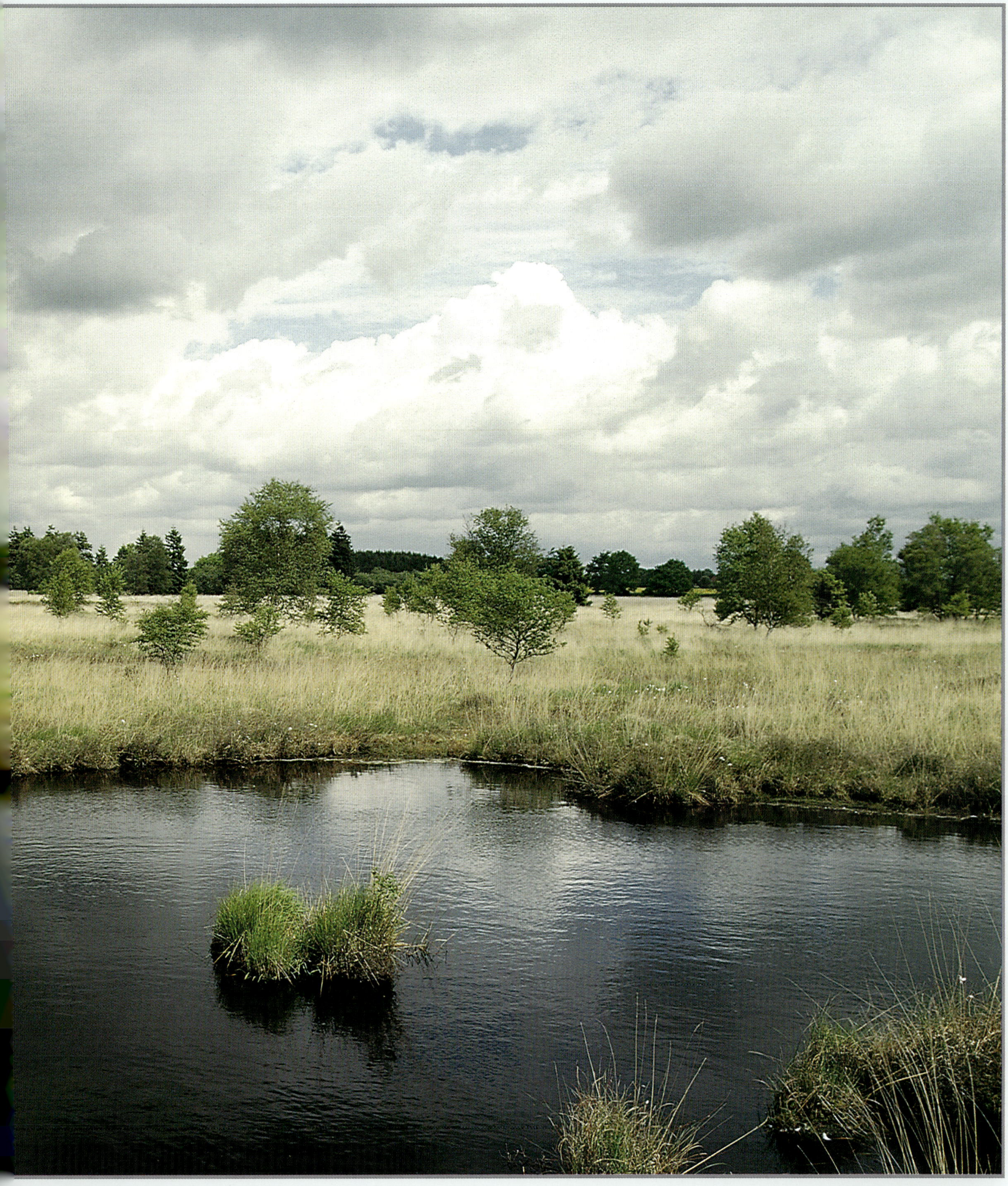

Alte Grenzen – neue Grenzen

Zwischen Albersdorf und Hademarschen liegt bei Grünental Dithmarschens Verbindung mit dem Festland. Seit der Zeit Karls des Großen sind die Grenzen der Landschaft bis heute im wesentlichen unverändert: Im Westen die Nordsee, im Norden die Eider, im Süden die Elbe und im Osten ein Niederungsgebiet. Von der Elbe herauf reichte das Niederungsgebiet mit moorigem Untergrund, zwischenzeitlich verlandeten Seen und einem System von Wasserläufen um Burger Au, Holstenau und Wilster Au bis nach Schafstedt. Nördlich von Grünental beginnt ein neues Niederungsgebiet um Gieselau und Eider. Alle mittelalterlichen Invasoren, die Dithmarschen angriffen, kamen bei Grünental über die Landbrücke.

Als der Nord-Ostsee-Kanal gebaut wurde, folgte er südlich von Grünental von Oldenbüttel bis Brunsbüttel den Niederungsgebieten: Die eine nasse Grenze, nämlich die Moore und Niederungen, wurde durch die andere, den Kanal, ersetzt, der das Land an den tiefsten Stellen durchschnitt.

Für die Landstraße Albersdorf–Hademarschen und die Eisenbahnlinie Heide–Neumünster wurde 1892 eine neue Hochbrücke errichtet. Sie hatte eine Spannweite von 156 Metern und zwischen den beiden Stützpfeilern eine Länge von 163 Metern. Mit dieser Spannweite war sie die größte Brücke in Deutschland. Im Überbau waren 1277 Tonnen Stahl verbaut. Als zweite Straßenverbindung wurde 1916 bei Friedrichstadt eine Brücke über die Nordgrenze Dithmarschens, die Eider, gebaut. Nun hatte Dithmarschen aufgehört, eine Insel zu sein.

Folgt man dem Kanal heute nach Süden in Richtung Burg, dann begegnet einem neben der modernen Autobahnbrücke bei Schafstedt in Hochdonn eine gigantische Stahlkonstruktion. Die Hochdonner Eisenbahnhochbrücke ist insgesamt 2218 Meter lang. Sie entstand im Zusammenhang mit der Verbreiterung des Kanals, die ab 1907 geplant wurde. Bis dahin wurde die Eisenbahnlinie von Elmshorn nach Westerland, die Marschenbahn, bei Taterpfahl mit einer Drehbrücke über den Kanal und über Eddelak und St. Michaelisdonn nach Norden weitergeführt.

In einem Memorandum von 1907 zur geplanten Erweiterung des Kanals heißt es allerdings warnend: „Drehbrücken bilden für den Kanalverkehr ein großes Hindernis, welches sich im Mobilmachungsfalle zu einer Gefahr für die Landesverteidigung auswachsen wird."

Deshalb empfiehlt die Denkschrift den Bau einer großen Eisenbahnbrücke für die Marschenbahn. Zugleich waren neue Stichlinien nach Brunsbüttel-Nord geplant, das zu einer Großstadt, ähnlich wie Kiel, ausgebaut werden sollte. Zu Brunsbüttels explosionsartigem Wachstum kam es nicht, und auch bei Taterpfahl konnte keine Hochbrücke gebaut werden, weil der moorige Untergrund eine solche Konstruktion nicht getragen hätte. Deshalb wurde entschieden, die Eisenbahnbrücke 12 Kilometer nördlich bei Hochdonn zu bauen. Hier war der Untergrund fest genug. Deshalb erhielt die Marschenbahn 1913 zwischen Wilster und St. Michaelisdonn eine vollständig neue Linienführung über Hochdonn und Burg. Für den Bau der gewaltigen Hochdonner Eisenbahnbrücke wurden damals 65 Millionen Mark aufgewendet.

Der Geestort Burg, kaum etwas erinnert heute noch daran, war bis in das 19. Jahrhundert hinein ein wichtiger Hafenort für die Küstenschiffahrt, mit Werftbetrieb sogar, der über die Burger Au mit der Elbe verbunden war. Während der Republikzeit Dithmarschens bis 1559 waren die Wasserwege nicht genutzt worden, sie waren Grenzen. Nach 1559 gehörten Süderdithmarschen wie die Wilstermarsch, also beide Seiten der Wasserläufe, demselben Landesherrn, dem dänischen König. Erst in den Folgejahren entwickelten sich Küstenschiffahrt und Seehandel. Der erste Burger Kahnfahrer, der urkundlich nachgewiesen ist, wird 1661 registriert. Im 18. Jahrhundert war die Anbindung des Auhafens an die Elbe durch den Kudensee und den neu gebauten Bütteler Kanal zwar nicht optimal, aber wesentlich verbessert. „Trotz aller Schwierigkeiten waren die Verkehrsverhältnisse auf den Augen und Kanälen", so Inge Hurtienne, „doch unvergleichlich besser als auf den Landstraßen und ermöglichten einen kostengünstigen Transport zu den Absatzorten. Alle Produkte der Forst- und Landwirtschaft, die über den Eigenbedarf hinausgingen, wurden per Schiff verladen und in den Städten vermarktet. Aber auch Kies und Feldsteine gehörten zu den Ausfuhrgütern..." Haupttransportgut war allerdings der Torf.

Durch den Bau des Nord-Ostsee-Kanals sind die alten Schifffahrtswege nach Burg abgeschnitten. Ein neuer Hafen für Burg entstand nun am Kanal.

Zwischen Albersdorf auf dithmarsischer und Hademarschen auf holsteinischer Seite lag bei Grünental Dithmarschens Landbrücke zum Festland. Diese einzige landfeste Verbindung ist mit dem Bau des Nord-Ostsee-Kanals (1888–1895) durchschnitten worden.

Wer nach Dithmarschen will, muß übers Wasser, sei es mit der Fähre oder über eine Brücke. Eine technische Meisterleistung ist die Eisenbahnhochbrücke Hochdonn. Mit ihr wird seit 1919 die Marschenbahn über den damals verbreiterten Nord-Ostsee-Kanal geführt.

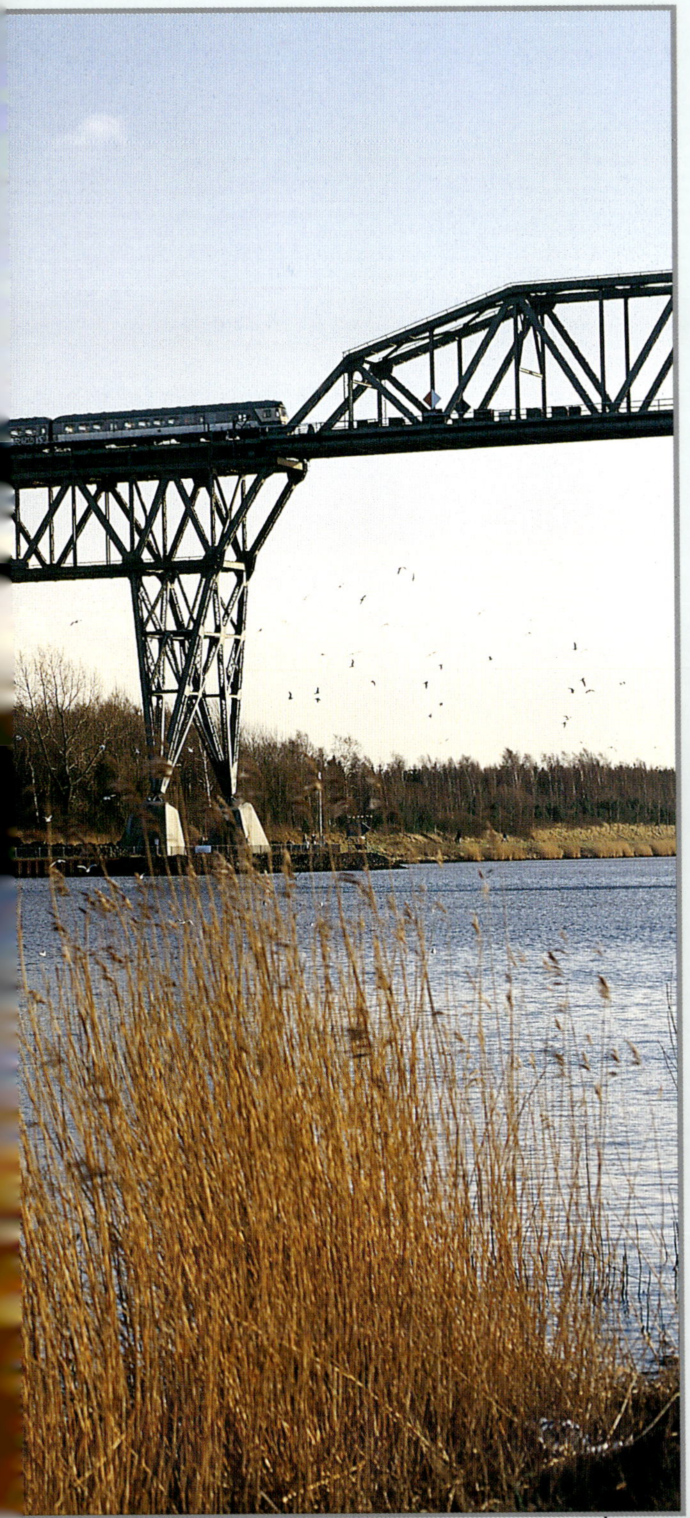

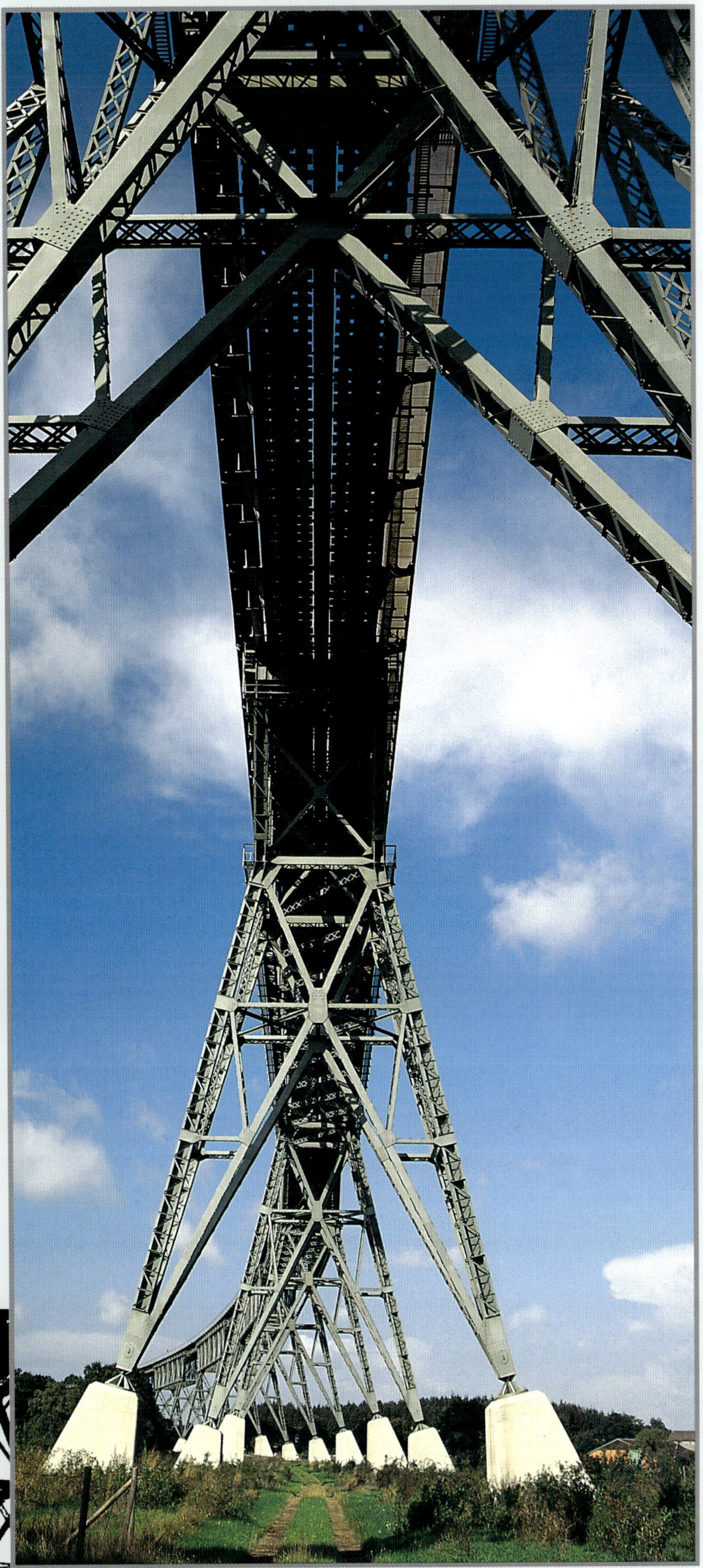

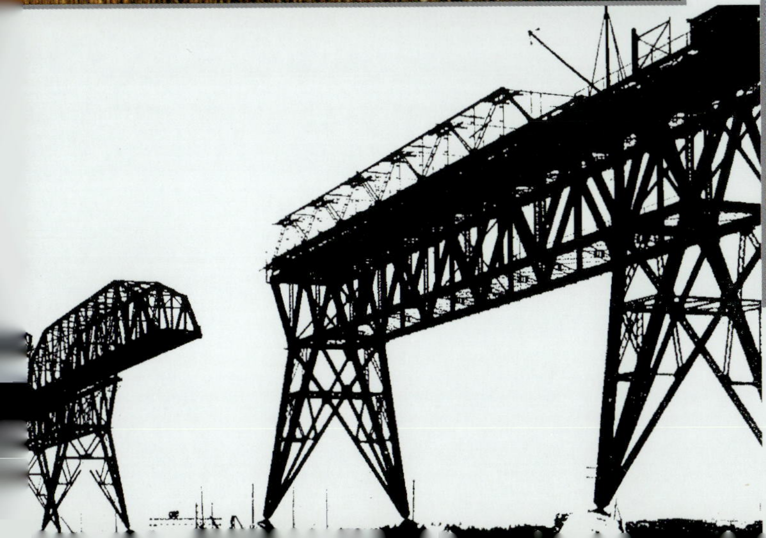

In der Niederung der Burger Au, die vor der hohen Geestkante bei Burg liegt, ziehen jetzt Ozeanriesen durch die Wiesen. Der Nord-Ostsee-Kanal folgt in seinem Lauf der alten Ostgrenze Dithmarschens, die vor dem Kanalbau durch eine Kette von Mooren, Niederungen und Flußläufen markiert wurde.

Über die Burger Au war der Geestort an der alten Steilküste bis in das 19. Jahrhundert hinein ein wichtiger Stützpunkt der Küstenschiffahrt. Im Burger Auhafen wurde vor allem Torf verladen. Der Hafen war durch Au, Kudensee und den im 18. Jahrhundert gegrabenen Bütteler Kanal mit der Elbe verbunden.

Auf der Bökelnburg saß ein Graf Rudolf...

Wenn es darum geht, die Geschichte der Dithmarscher Freiheit zu erzählen, dann muß man weit in das Reich der Sagen zurückgehen. Auf der Bökelnburg in Burg saß, so heißt es da, Graf Rudolf und hielt die Dithmarscher in so schwerer Dienstbarkeit, daß die Bauern sogar mit einem Joch herumlaufen mußten. Schuld daran trug die Gräfin, die der Sage nach Walburga hieß, denn die hatte den Grafen zu seiner ganzen Härte angestiftet. Als die Not für die Bauern am größten war, der Winter so kalt, daß die Vögel gefroren vom Himmel fielen, baten sie ihn um Steuernachlaß. Er war allerdings nur zur Stundung bis in das nächste Jahr bereit. Ein reicher Bauer, der einmal Gast des Grafen gewesen war, revanchierte sich mit einer Einladung und führte dabei seinen Besitz vor: Er ließ „erst alle seine Schweine heraus, dann die Schafe, dann das Jungvieh, darauf die Kühe und endlich die Pferde, alle nacheinander. Die trieben mit Springen und Laufen ihre Kurzweil und machten keinen geringen Lärm". Das war der hartherzigen Walburga zuviel. Wer soviel Vieh hätte, der sollte gefälligst auch seine Steuern zahlen. Rudolf blieb nichts anderes mehr übrig, als mit Nachdruck die Steuern einzufordern und die gestundeten vom letzten Jahr gleich mit.

Den Bauern reichte es: sie überlegten, wie sie ihre alte Freiheit wiedererlangen könnten. Da verfielen sie, ganz nach dem Vorbild des Trojanischen Pferdes, auf eine List: „Als sie am St. Martinsabend das Korn auf die Burg bringen sollten", so heißt es in der Überlieferung, „schickten sie erst einige Wagen mit vollen Säcken voran. Auf den allerersten aber setzte sich ein Bauer mit seiner schönen Tochter, um die der Bökelnborger Herr gebuhlt hatte. Auf den übrigen Wagen verbargen sich starke Männer in und unter die Säcke, und nebenher gingen nicht weniger starke, als wenn sie das Korn abladen wollten. So fuhren sie eilends hintereinander her; bald war der Burgraum voll und etliche hielten, wie verabredet war, unter dem Tor, damit dieses nicht gesperrt würde. Als nun die vorderen Wagen abgeladen werden und der Graf sich keines Arges vermutet, erscholl von hinten her das Losewort:

Röret de Hände/Snidet de Sacksbände.

Da schnitten sich die Verborgenen heraus, die Wagenführer und die Sackträger rotteten sich mit ihnen zusammen und mit ihren langen Messern bewaffnet fielen sie über die Leute in der Burg her und ermordeten alle."

Besonders grausam haben sie die Gräfin zugerichtet. Nur der Graf hatte sich versteckt und war nicht zu finden. „Als man nun das Schloß schleifte und zerstörte und schon der dritte Tag da war, da bemerkte man, daß die Elster, die der Graf gezähmt und zur Kurzweil immer bei sich gehabt hatte, vor einem verborgenen Gange saß und immer seinen Namen rief." So wurde auch der Graf umgebracht, und alles, was innerhalb des Burgwalles gebaut war, wurde zerstört. Nur der mächtige Wall blieb bis auf den heutigen Tag stehen.

Forschungen haben ergeben, daß Graf Rudolf II. von Stade sich tatsächlich im Jahr 1144 nach Dithmarschen begab, um dort die Ansprüche der Stader Grafen in Erinnerung zu rufen. Fest steht auch, daß er hier seinen Tod fand. Die Ehefrau Rudolfs aber hieß in Wahrheit Elisabeth. Ob die Überlieferung hier falsch ist oder ob Graf Rudolf fern der Heimat erfolgreich gebuhlt hat, während Elisabeth in Stade auf seine Rückkehr wartete? Wer weiß es? Es ist bis heute nicht bewiesen, das die Geschichte der Dithmarscher Freiheitskämpfe gegen die Fürsten 1144 im Burger Ringwall begann. Der Ringwall, der heute noch deutlich erkennbar ist und seit 1818 den Burger Friedhof umschließt, hat jedenfalls nie ein Schloß geschützt. Die Bökelnburg ist wie die Steller Burg eine sächsische Ringwallburg. Historiker gehen davon aus, daß beide Wälle angelegt worden sind, um Übergriffe von See her abzuwehren. Wer von See her durch Watten und Vorländereien nach Dithmarschen einfallen wollte, konnte nur im Norden über die Eidermündung an das Ufer bei Lunden gelangen, in der Mitte durch das Prielsystem der Miele bei Meldorf oder im Süden über die Elbe und ihre Zuflüsse bei Burg. Im Norden riegelt die Steller Burg den vorgegebenen Weg ab. Im Süden liegt die Bökelnburg strategisch exponiert direkt am alten Steilufer und durch Waldungen geschützt. In Meldorf ist bislang keine Burg nachgewiesen, obwohl es nach dieser Logik naheliegen würde und sich in Meldorf der Name Burgstraße überliefert hat.

Die Bökelnburg ist in Quellen für das Jahr 1032 als Fluchtburg bei einem Slaweneinfall bezeugt. Möglicherweise diente sie beidem: Als Schutz gegen Feinde und zugleich der Kontrolle des Wasserweges zur südlichen Dithmarscher Geest.

Aus der Luft ist in Burg der Baumkranz deutlich zu erkennen, der den Friedhof des Ortes umfaßt und unter dem der mächtige Ringwall der Bökelnburg liegt. Der Sage nach ist der Stader Graf Rudolf II. hier ermordet worden. Dieses Ereignis begründete den Ruf der Dithmarscher, ihre Freiheit mit allen Mitteln zu verteidigen. Die Bökelnburg ist wie die Steller Burg im Nordwesten Dithmarschens eine sächsische Ringwallburg aus dem 9./10. Jahrhundert. Während die Steller Burg von ihrer Lage her geeignet ist, den Zugang vom Meer her auf die nördliche Geest zu sichern, so ist von der Bökelnburg aus der Wasserweg zur südlichen Geest zu kontrollieren.

Von Burg nach Westen zu verändert sich die Landschaft. Bis zur alten Steilküste bei St. Michaelisdonn, dem Klev, in dem Namen steckt das Wort „Kliff", ist die hügelige Geest bestimmend. Dann folgt die flache, fruchtbare Marsch. Hier wird die Landschaft bis zum heutigen Tag durch Landwirtschaft geprägt. Im 15. Jahrhundert waren etwa die Barlter Bauern so wohlhabend, daß sie sich eine eigene neue Kirche bauten, zeitweise zwei Pastoren entlohnten und gleichzeitig ihren Obolus an das Meldorfer Mutterkirchspiel weiterzahlten. Zu ihnen gehörte Peter Schneck, dessen Grabstein aus dem Jahr 1580 in Barlt erhalten ist und einen Pastor in der Amtstracht zeigt.

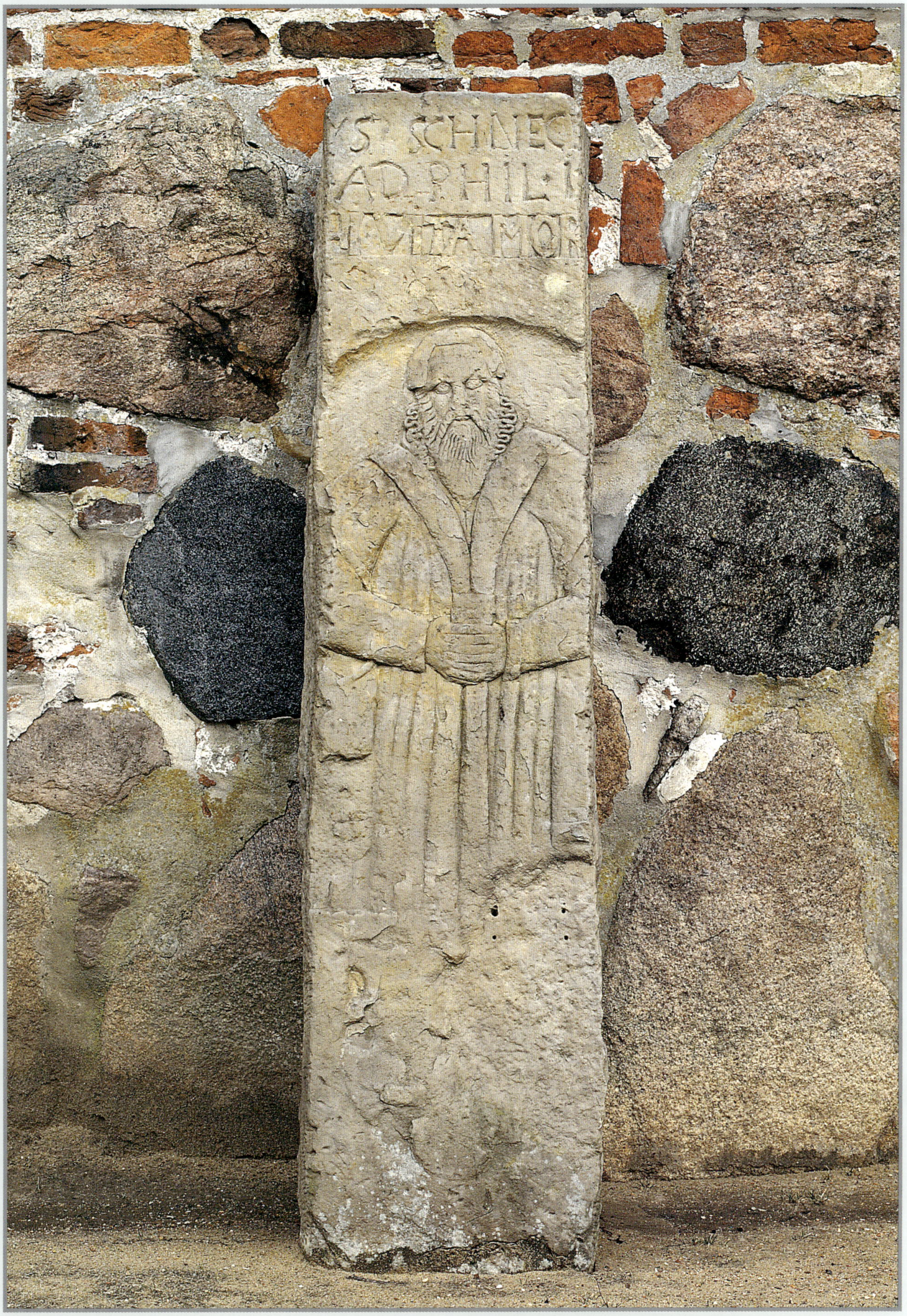

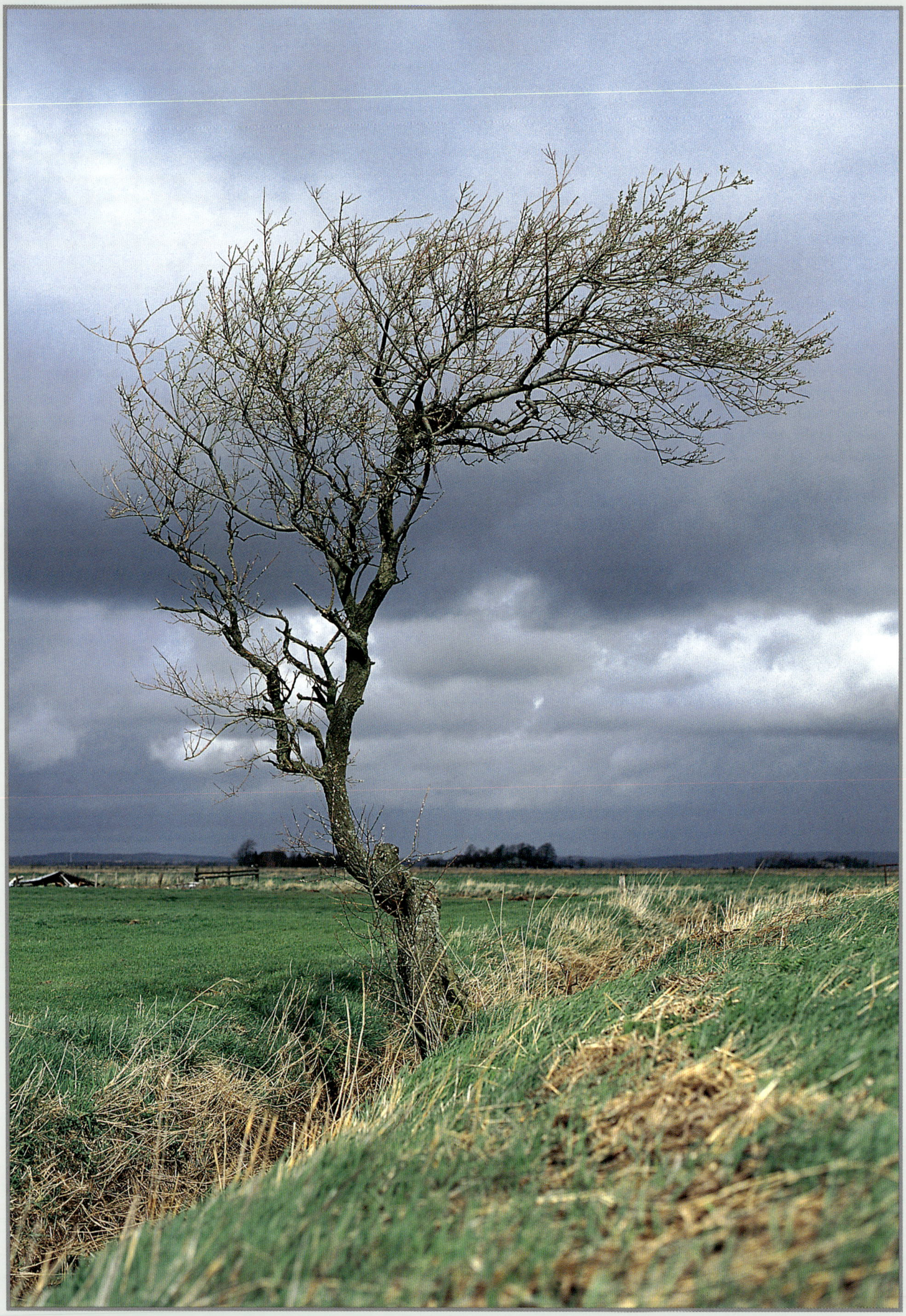

In Arbeit bei gutem Winde

Der Mühlenreichtum in Dithmarschen ist augenfällig. Das gilt nicht nur für die in den letzten zehn Jahren wie Pilze aus dem Boden schießenden modernen Windkraftanlagen, die computergesteuert der Stromerzeugung dienen. Das gilt auch für die anmutigen Bauwerke aus dem 19. Jahrhundert, die in der flachen Marsch das einzige vertikale Gestaltungselement waren. Das liegt vor allem daran, daß auf den fruchtbaren Marschböden gute Erträge im Getreideanbau erzielt werden.

Der Reichtum an historischen Mühlen ist aber auch ein Relikt aus der Zeit, als Dithmarschen noch eine eigenständige Republik war. Galt etwa für das Herzogtum Holstein, daß nur derjenige eine Mühle errichten und betreiben durfte, der auch Grundherr war – also der König von Dänemark, die Gottorfer Herzöge und adelige Gutsbesitzer –, so galt in Dithmarschen, daß jeder ohne eine Konzession eine Mühle betreiben durfte. Die Mühlenfreiheit blieb auch nach der „Letzten Fehde" von 1559 erhalten, als es den Dithmarschern durch geschickte Verhandlungsführung gelang, die Bedingungen der Kapitulation abzumildern.

Vom 15. bis in das 18. Jahrhundert war auch in Dithmarschen die Bockmühle verbreitet. Sie war so konstruiert, daß sie um einen Pfosten, der in einem Bock aus Holz steckte, gedreht werden konnte, je nachdem, woher der Wind kam. Der als Theologe bekannt gewordene Claus Harms (1778–1855) stammte aus einer Müllerfamilie, die ihre Mühle in St. Michaelisdonn hatte. In seinen Lebenserinnerungen schreibt er:

„Gar manche halbe Nacht hab ich zur Winterzeit in dem brettnernen Hause, wie man die Mühle zuweilen nannte, zugebracht, in Arbeit bei gutem Winde, und, was noch schwerer war, ohne sonderliche Arbeit bei schwachem Winde. Oh das ist wohl eine lange Zeit, von ein Uhr mitternachts, oder von neun Uhr abends bis sechs Uhr morgens auf der Mühle stehen! Doch es geschah bei gutem Winde mit Lust, bei schwachem aus Pflicht. Bei gutem Winde mit Lust; ich setzte hinzu: Bei Tage; denn zu demjenigen hinzu, was bei gutem Winde auf der Mühle beschafft wurde, kam bei Tage eine Art Eitelkeit, die man außer diesem Stande nur bei Schiffern kennt. Die Mühlen standen in einer so geringen Entfernung voneinander, daß weitsehende Augen leicht zwölf bis dreizehn Mühlen sehen konnten. Da galt es denn nun, wer die meisten Segel führen könnte bei stärkerem Winde, und eine Wonne war's, andere Mühlen bis auf halbe Segel, ja bis auf vier Lappen hinaufzutreiben. Da wurde gewagt, und auf meines Vaters Mühle, einer Bockmühle, haben mein Bruder und ich manchmal zu gleicher Zeit den Graupengang und den Mehlgang vorgelegt, was man sonst nur auf Holländischen Mühlen that. Da ging es hart über die Flügel und über das Gebäude her, und, was ein englischer Schiffer bei starken Segeln von seinem Schiff sagen soll: Es beginnt zu seufzen, das Schiff ansehend als eine Persönlichkeit, so habe auch ich, wenn ich das Gebäude bei solcher Anstrengung knarrte und knackte, ein herrliches Bedauern mit demselbigen gehabt..."

Im 18. Jahrhundert setzte sich mehr und mehr die „Holländermühle", von der Harms sprach, gegen die Bockwindmühle durch. Vielfach haben sie holländische Mühlenbauer errichtet. Der entscheidende Vorteil der Holländer war, daß nicht das ganze „bretterne Haus" in den Wind gedreht werden mußte, sondern nur die bewegliche Haube mit den Flügeln. So konnte die Holländermühle größer und damit leistungsfähiger sein. Auch wurden die Flügel späterhin nicht mehr mit Segeln bespannt, sondern die Segelfläche wurde je nach Wind durch bewegliche hölzerne Klappen reguliert. Heute sind die Windmühlen freilich unwirtschaftlich und werden als Relikte einer vergangenen Zeit mit viel Mühe erhalten.

Vor allem den Holländermühlen wird viel Sympathie entgegengebracht, weil sie, so meint der Mühlenexperte Hans-Peter Petersen, für viele Menschen mehr sind als totes Material. Von vielen wird eine Windmühle, um es mit Claus Harms zu sagen, als Persönlichkeit angesehen. In Dithmarschen etwa tragen die Gebäude Namen, heißen etwa nach der Müllersfrau oder einer Göttin. Einzelne Bauteile wie Flügel, Halsblock, Bruststück und Steert tragen Namen aus der Biologie. Der plattdeutsche Dichter und Müllerssohn Klaus Groth ging soweit, der Mühle selbst menschliche Empfindungen zuzuschreiben:

„Sie schaut hinab auf Freud und Qual
hinunter auf des Fleckens Tal.
Und was im Dorfe rings geschieht,
sie weiß es wohl und leidets mit."

Die fruchtbaren Böden bieten alle Möglichkeiten für erfolgreichen Getreideanbau. Augenfällig ist die hohe Zahl der Windmühlen in Dithmarschen; vor dem großen Mühlensterben infolge der Industrialisierung waren es noch mehr. Grund dafür war, daß die Dithmarscher in den Kapitulationsverhandlungen nach der „Letzten Fehde" 1559 ausgehandelt hatten, daß hier niemand eine fürstliche Konzession benötigte, um eine Mühle zu betreiben. Ein traditioneller Mühlenstandort ist das hohe Ufer der alten Steilküste, der Klev bei Hopen. Dort steht seit 1842 die Holländermühle „Ursula".

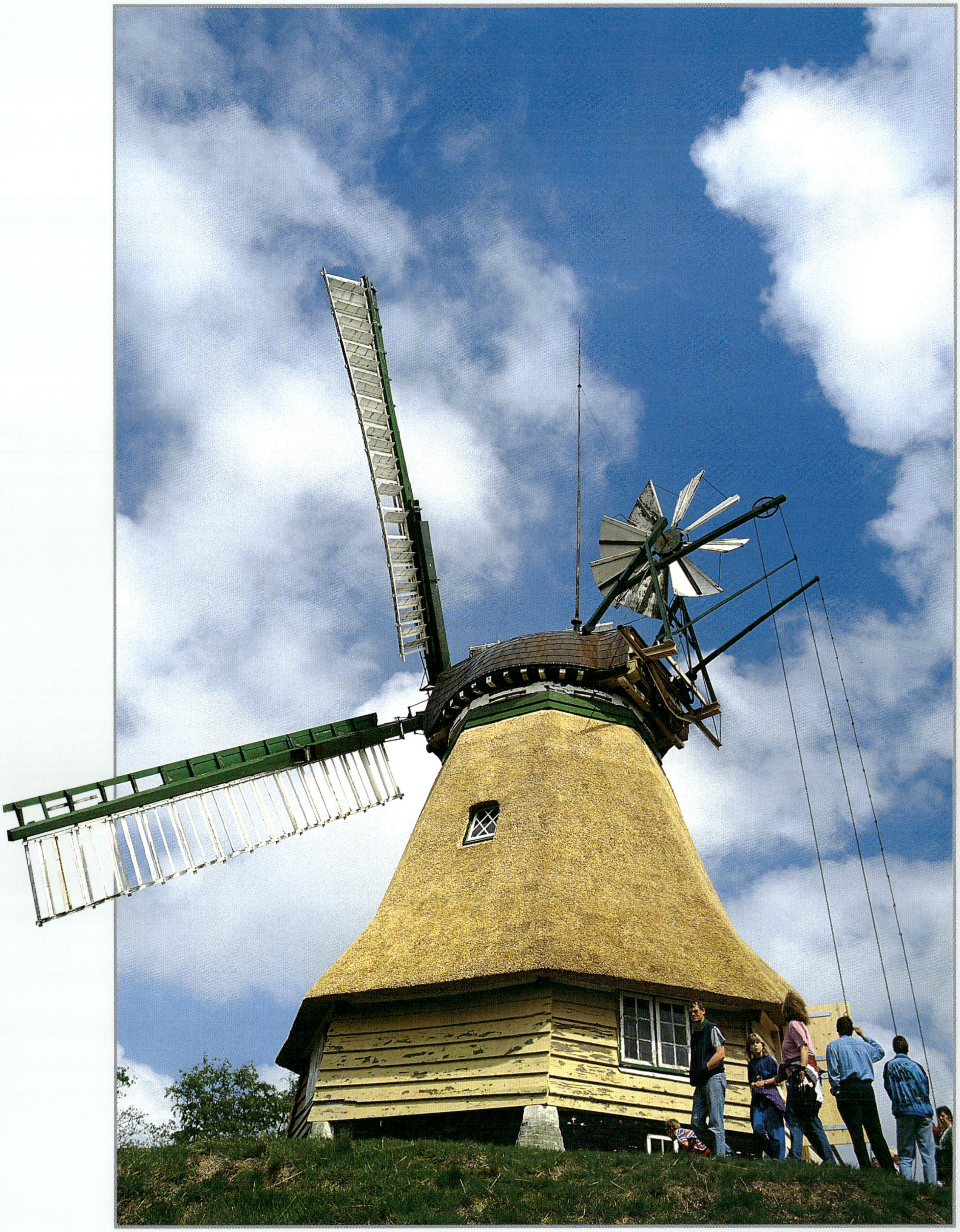

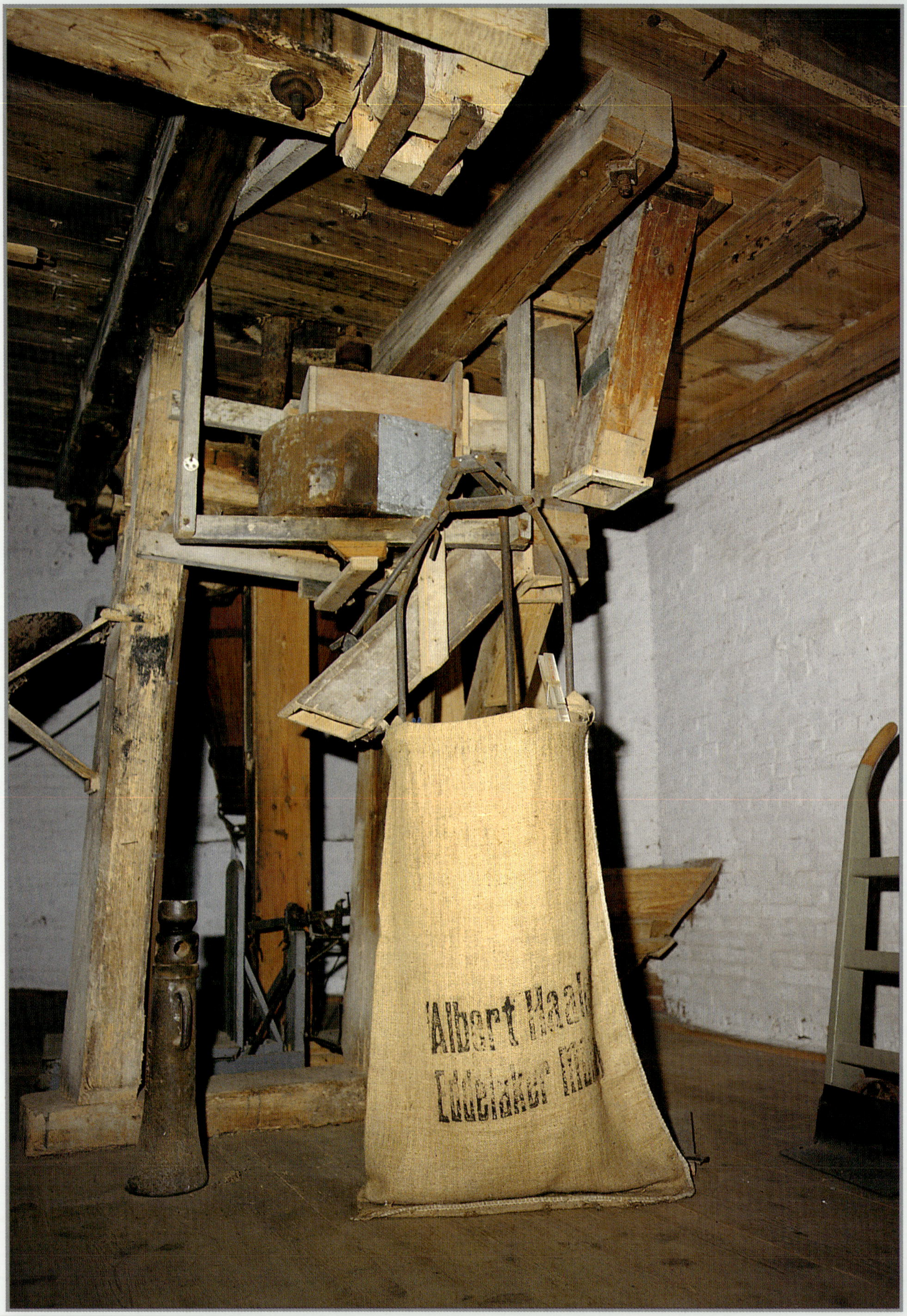
Albert

In Eddelak wurde 1865 am südlichen Ortsausgang der Galerieholländer „Gott mit uns" errichtet. Unter dem Steinboden mit den verschiedenen Mahlgängen liegt in der Mühle der Absack- oder Mehlboden. Nach dem Mahlen rieselt das Mehl nach unten direkt in die Säcke.

Die neuen Windmühlen – oder besser: Windkraftanlagen, denn sie mahlen ja nichts – sind keine Meisterwerke gediegener Handwerkskunst der Mühlenbauer mehr, sondern moderne, von Ingenieuren konstruierte High-Tech-Anlagen mit Computersteuerung. Sie dienen der Stromerzeugung. Vor allem in der windreichen Marsch wie im Kronprinzenkoog sind die Windkraftanlagen wie Pilze aus dem Boden geschossen und verwandeln kostenlosen Wind in ökologisch erzeugte Energie.

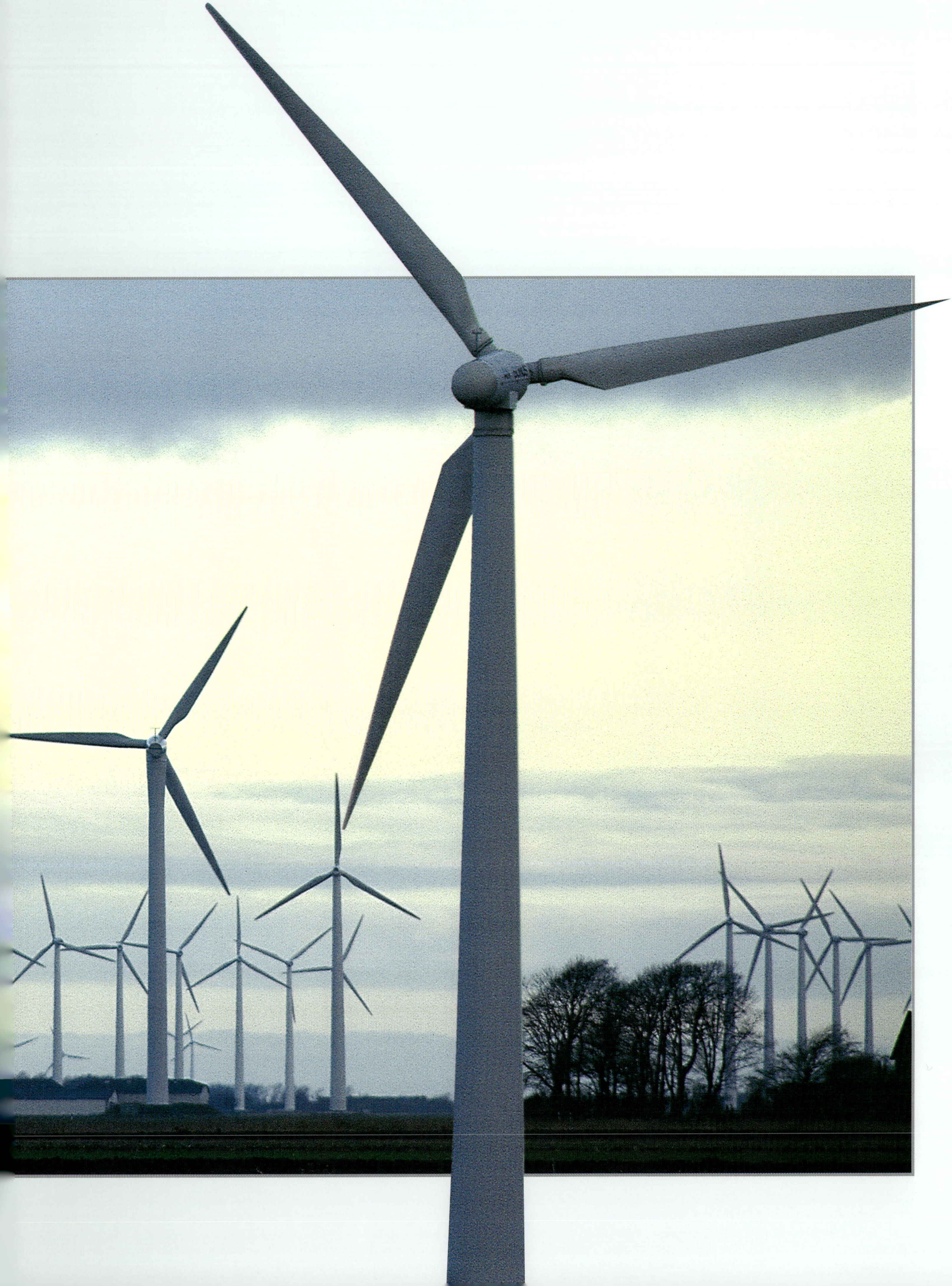

Marne – Stadt im Grünen

Inmitten der grünen Südermarsch liegt die Stadt Marne. Das war allerdings nicht immer so. Wie Wesselburen im Norden lag der Ort einst in unmittelbarer Küstenlage. Durch die Jahrhunderte hindurch verschob sich die Küstenlinie Eindeichung für Eindeichung nach Westen, und der Ort wurde zum Zentrum einer fruchtbaren Landschaft. Die ertragreiche Landwirtschaft ist das Fundament für die Entwicklung der Marschenstadt.

Das war schon im 18. Jahrhundert so. Bauernpersönlichkeiten wie Hans Hansen (1758–1829) aus Volsemenhusen gehörten zur Führungsschicht, die durch ihre Interessen und Aktivitäten weit über den Bauernstand hinauswies. Hansen war Unternehmer, Hofbesitzer und erwarb zudem später noch ein Gut bei Plön. Als Landesgevollmächtigter trug er kommunalpolitische Verantwortung. Er war an einer Gesellschaft beteiligt, die den 1785 bis 1787 westlich von Marne bedeichten Kronprinzenkoog trockenlegte, parzellierte und das Land verkaufte. Die aktiven Großbauern konnten sich wie im 16. Jahrhundert leisten, was sie an der Kultur des Adels und am Lebensstil der städtischen Handelsherrn bewunderten. Ihre gute wirtschaftliche Lage, begünstigt durch die fruchtbaren Marschböden, die weitverzweigten, zum Teil selbst organisierten Handelsbeziehungen und eine geringe Steuerlast fanden ihren Ausdruck auch in einer besonderen Form der Repräsentation. „Vollmacht" Hansens Reichtum war legendär. Er beschäftigte den damaligen Star-Architekten C. F. Hansen, der ihm ein – später abgebranntes – Hofgebäude entwarf.

Er ließ sich 1796 porträtieren. Im Marner Skatclubmuseum ist das Bild zu sehen, das Hansen im Kreise seiner Familie zeigt, die Tee aus feinen Porzellantassen trinkt. Der Bauer liest, eine Dame raucht eine lange Tonpfeife. Der geöffnete Schrank zeigt nicht nur Geldsäcke, sondern auch Papiere. Der Bauer, so sagt uns das, schreibt, liest und korrespondiert viel. Die klassizistische Standuhr und die Bilder über der Tür lassen ganz und gar nicht an einen bäuerlichen Haushalt denken. Nur durch die offene Tür ist auf der Diele, ganz im Hintergrund, ein reichlich beladener Erntewagen zu erkennen. Allerdings hat Vollmacht Hansen all dies durch Getreidespekulationen verloren.

Das Museum der Stadt wurde übrigens von einem Skatclub gegründet, dessen Mitglieder ihre Ausbildung „in der großen, weiten Welt" genossen hatten und nun eine Gemütlichkeit in die Stadt brachten, die sich am Vorbild der Corpsstudenten orientierte. Sie sammelten „vaterländische Alterthümer", wozu sie Reisesouvenirs aus den Kolonien ebenso zählten wie Zinngeschirr und Eichenmöbel aus den bäuerlichen Haushalten der Umgebung. So retteten sie Eindrücke von einem Leben, das sich nun rasant veränderte.

In Marne, dem agrarischen Marktort der Köge, setzte Ende des 19. Jahrhunderts ein großer Boom ein: Die Eisenbahn hatte den Ort erreicht und ermöglichte den Absatz landwirtschaftlicher Produkte vor allem in Hamburg. In dieser Zeit entstanden auch die repräsentativen, historischen Wohnhäuser und Villen an den Straßen nach Meldorf, Brunsbüttel und auf den Bahnhof zu. Weitere Eindeichungen begünstigten die wirtschaftliche Entwicklung, mit jedem neuen Koog wuchs der Wohlstand. Handel und Wandel florierten, und wohlhabende Landwirte fanden ihr Altenteil nicht mehr auf dem Hof, sondern zogen mit Köksch und Kutscher in den Ort, der 1891 Stadtrechte erhielt. Auch infrastrukturell und architektonisch strebte der Ort dem Bürgerlichen zu. Mit Wasserwerk, Straßenbeleuchtung, Amtsgericht, Krankenhaus, Kanalisation und Schulen, einer „Kaffeehalle" als Obdach für Wanderarbeiter aus den Kögen war das Spektrum der kleinstädtischen Infrastruktur komplett.

Um die Jahrhundertwende untermauerten neue Gebäude für die weltliche und geistliche Autorität den städtische Anspruch des ehemaligen Marktfleckens. Wann hier die erste Kirche gebaut wurde, ist nicht bekannt. Geschichtsschreiber vermuten, daß dies nach der Schlacht von Bornhöved am 22. Juli 1227, dem Maria-Magdalena-Tag, war, weil dies Ereignis Dithmarschen „von der dänischen Herrschaft" befreite. Deshalb sei die Kirche Maria Magdalena geweiht. 1904 bis 1906 entstand hier eine neugotische Kirche mit hohem, schlankem Turm nach den Plänen des Kieler Kirchenbaumeisters Wilhelm Voigt.

Dominierender Bau von wohlgegliederter Monumentalität ist neben der Kirche das große Rathaus. Der Bau des Kieler Architekten Carl Mannhardt ist großzügig für die Verwaltung eines Ortes mit 20 000 Einwohnern geplant worden. Diese etwas großspurige Prophezeiung hat sich allerdings nicht erfüllt. In die neobarocke Innenarchitektur des Rathauses fügen sich prächtige Barockschränke, die, ebenso wie das Rathaus selbst, vom Wohlstand der Region zeugen, der auf der Landwirtschaft fußte.

Das neubarocke, wohlproportionierte Rathaus auf der Marner Wurt im Stadtkern zeigt in der Fassade das Stadtwappen als Ziegelrelief. Es zeigt den Heiligen Matthäus auf einer Mauer. Dieses Motiv soll den städtischen Anspruch von Marne untermauern. Zu beiden Seiten des Heiligen hat das Originalwappen zwei goldene Ringe. Sie symbolisieren die ersten Seedeiche. Die Marschdeiche sind von alters her gute Zeichen, denn mit jedem neuen Koog wuchs der Wohlstand der Region. Im 18. Jahrhundert präsentiert sich Vollmacht Hansen als gebildeter, vornehmer Bauer, der es zu besonderem Vermögen gebracht hat.

Ein Brunnen erinnert seit 1934 in Marne an den Märchensammler Karl Viktor Müllenhoff (1818–1884), der wie die Brüder Grimm Volkserzählungen aufschrieb und dadurch vor dem Vergessen bewahrte. Der Brunnen nimmt ein Sagenmotiv auf, das typisch ist für die Hoffnung der Dithmarscher auf Eigenständigkeit und Freiheit von fürstlicher Herrschaft. Im Kirchspiel Hennstedt, so heißt es, stand eine Linde, die im ganzen Land nur „Wunderbaum" genannt wurde. Alle ihre Zweige standen kreuzweise. War Dithmarschen frei, so grünte er, und er verdorrte, als die Freiheit verloren war. Es ist aber vorhergesagt, das einst eine Elster auf diesem Baum fünf weiße Junge ausbrüten wird. Dann wird der Baum wieder grünen, und Dithmarschen wird wieder unabhängig.
Das Marner Stadtbild wird heute bestimmt durch die historisierenden Fassaden eindrucksvoller Bürgerhäuser und die architektonischen Stadtkrone – auf der alten Kirchwurt gelegen – aus Rathaus und Kirche.

seit 1755
königl. privil.
Sonnen
Apotheke

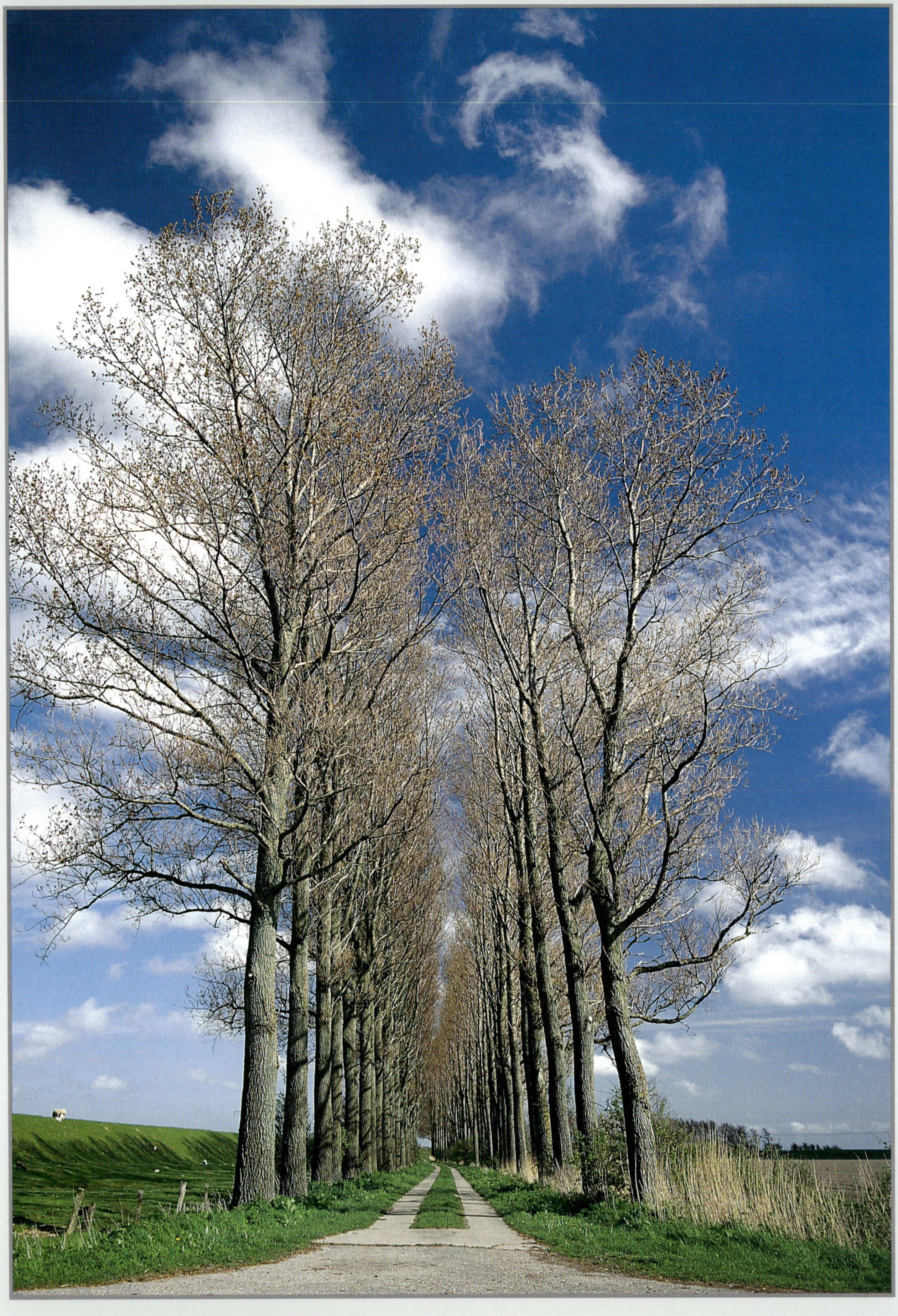

Um Marne herum liegt eine flache Marschlandschaft. Typisch sind hier hohe Pappelalleen in den Kögen und windgeschorene Bäume um die Einzelgehöfte. Der Dieksanderkoog aus dem Jahr 1935 ist der letzte Koog, der zum Zwecke der Landwirtschaft eingedeicht wurde. Hinter seinem Seedeich liegt der große Mündungstrichter der Elbe.

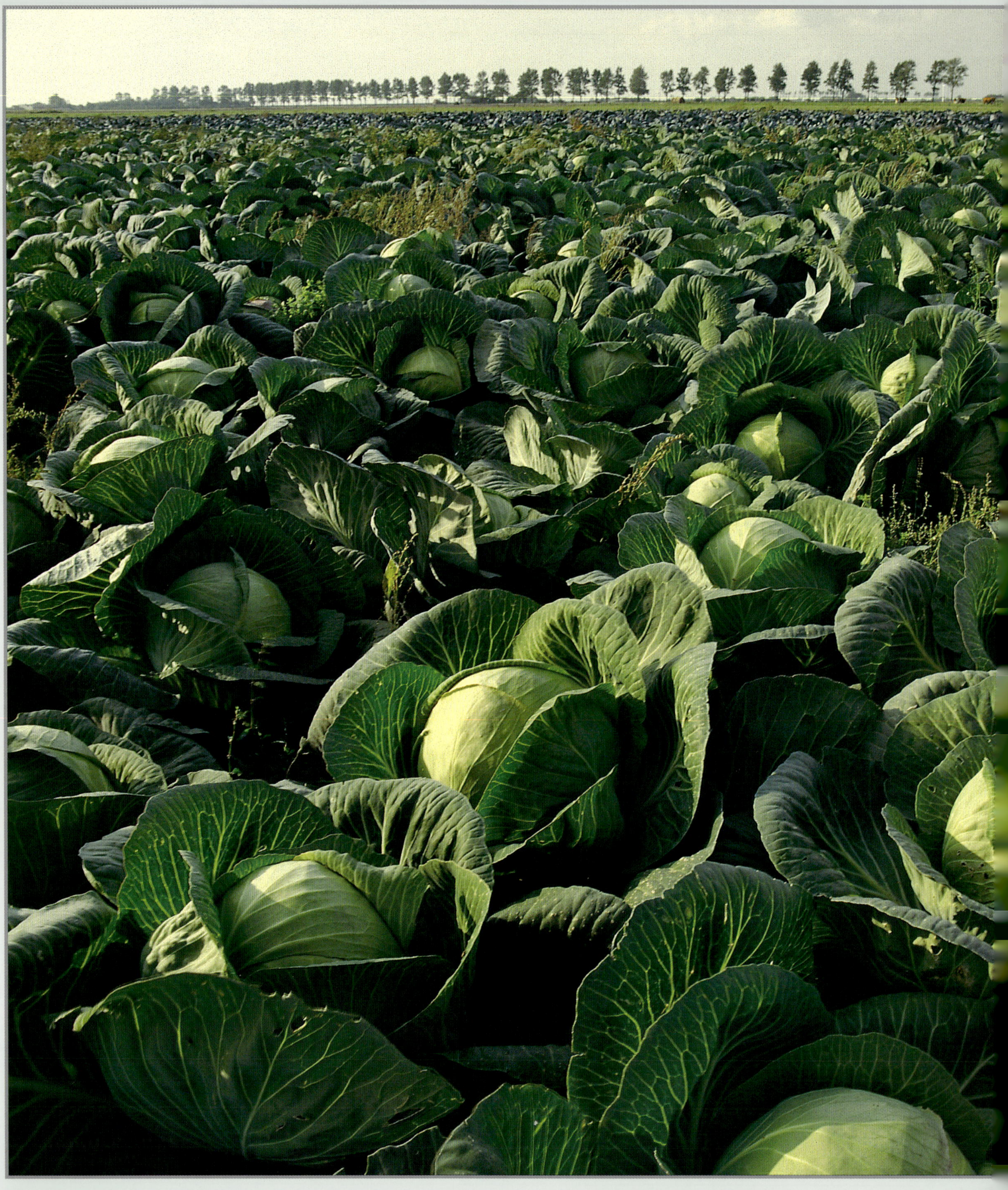

Die fruchtbaren Marschböden haben Dithmarschen seit 1889 zum größten geschlossenen Kohlanbaugebiet Europas wachsen lassen. Jährlich werden hier 120 Millionen Kohlköpfe geerntet. Für das schmackhafte Gemüse wirbt allerdings keine Kohlkönigin, sondern zwei Kohlregentinnen – ganz und gar der Tradition der Republik Dithmarschen folgend, die bis 1559 von 48 Regenten geführt wurde – repräsentieren ihre Heimat.

Die Marsch ist auf stetigen Küstenschutz angewiesen. Eines der wichtigsten Elemente dabei ist das Schaf. Die Deiche wurden aus Marschboden und Sand aufgeschüttet und mit einer Rasendecke befestigt.

Damit die Deiche den ungeheuren Kräften des Meeres, das bei Sturmflut gegen sie prallt, standhalten können und die Vorländereien nicht abgetragen werden, muß die Grasnarbe stets festgetreten und kurzgehalten sein. Und das erledigen die Schafe.

Bis 1935 war der Friedrichskooger Hafen jedem Sturm ungebremst ausgesetzt. Mit der Eindeichung des heutigen Dieksanderkoogs änderte sich seine Lage fundamental. Mit dem neuen Deich wurde der Hafen ein Binnenhafen, der gegen die See durch eine Sturmflutschleuse geschützt ist. Das war die wichtigste Voraussetzung dafür, daß hier die größte Kutterflotte der schleswig-holsteinischen Westküste wachsen konnte.

Friedrichskoog – Hafen für die Kutterflotte

„Es waren schon ein paar warme Tage gewesen, und dann war es wieder kühl. Die munteren Dünste, von der Sonne schräg aus den nassen Wiesen, dem Watt und der See gespult, krochen zusammen und rollten graugelb wie unordentliche Wülste Schafwolle über die Priele. Ein paar Fischer lagen draußen hinterm ‚Hundeloch' und hofften, ein bißchen Südost solle auffrischen und es sichtiger blasen. Einer aber konnte es nicht abwarten, ging ankerauf und seilte gegen Mittag los, als das Wasser sehr hoch war, kam er aber mit vollem Motor bald zurück und peilte die anderen an, sein Junge sei über Bord gefallen. Da nahmen sie alle die Beiboote und suchten den ganzen Tag im dicken, stinkigen Nebel an den Schlicksänden entlang. Aber sie fanden die Leiche nicht. Die Ebbe hatte sie wohl mit in die See genommen.

Den Abend klarte es auf, und der Kutter, der das Unglück hatte, setzte Segel und rutschte mit der Flut heim nach Friedrichskoog, und schon am andern Morgen stand es im Marner Blatt, das von dem Ertrunkenen, und darunter stand das Inserat des Fischers, daß er einen neuen Jungen suche." Der Schriftsteller Hans Leip (1893–1983) hat den Friedrichskooger Fischern mit seiner tragischen Erzählung „Gespenst im Nebel" aus dem Jahr 1934 ein literarisches Denkmal gesetzt.

Der Friedrichskooger Hafen beheimatet heute die größte Krabbenkutterflotte der schleswig-holsteinischen Westküste. Seine Anfänge jedoch waren durchaus bescheiden, er entstand fast „nebenbei". Der Friedrichskoog ragt weit in die Nordsee hinein. Er ist noch unter dem Namen „König Frederik VII. Koog" eingedeicht worden. Nach Deichschluß 1854 wurden im Koog die alten Priele mit Erde verfüllt, andere dienten begradigt als Entwässerungssiele. Im Südwesten des Kooges wurde das überschüssige Wasser durch eine große Schleuse in einen Priel vor dem Deich entlassen, der durch die Vorländereien und Watten in das offene Meer führte. Solche Schleusenpriele sind im Wattenmeer die einzigen schiffbaren Wege, die von der offenen See bis an das Ufer heranreichen. Diesen Umstand machte man sich nach der Eindeichung zunutze und baute seeseitig ein hölzernes Bohlenwerk, damit Frachtkähne dort festmachen konnten. Mit Lastenseglern konnte man nun landwirtschaftliche Erzeugnisse und Vieh aus dem neuen Koog die Elbe hinauf bis nach Hamburg schaffen.

Der erste Fischkutter ist 1883 nach Friedrichskoog gekommen. Gerade zu dieser Zeit allerdings verlor der Hafen an Bedeutung, weil die Eisenbahn von Friedrichskoog nach Marne fertig wurde. Für den Hafen hätte das das Ende bedeutet, wenn die preußische Domänenverwaltung Friedrichskoog nicht zu ihrem Vorposten erkoren hätte. Von hier aus wollte sie das Vorland sichern sowie weitere Landgewinnungsarbeiten, etwa auf Trischen und im Mündungstrichter der Elbe südlich des Friedrichskooges, vorantreiben.

Aber: Wenn landwirtschaftliche Produkte per Bahn schnell an die Abnehmer kommen, dann galt dies erst recht für leicht verderbliche Waren wie Krabben und Fisch. Diese verbesserte Anbindung ermutigte immer mehr, die bislang nur Krabben und Fisch für den Eigenbedarf gefangen hatten. Auch Fischer aus der Umgebung, die bei Gefahr ihr Boot einfach an Land zogen, erkannten die Chance, die der Hafen bot. Um die Jahrhundertwende gründeten sich im Koog und in Marne fischverarbeitende Unternehmen. In den 20er Jahren wurden Fischer aus dem benachbarten Kaiser-Wilhelm-Koog aus Sicherheitsgründen umgesiedelt. Dort waren keine Küstenschutzarbeiten mehr vorgesehen, da der Staat mit dem Gedanken spielte, die Deichlinie im Mündungstrichter der Elbe zu begradigen. In Friedrichskoog wurde eine leistungsfähige Fabrik zur Herstellung von Fischmehl aus Beifängen und Futterkrabben gebaut.

Der große Aufschwung für den Hafen kam dann in den 30er Jahren. In der Bucht zwischen dem Friedrichskoog und dem Kaiser-Wilhelm-Koog waren schon vier kleine Sommerköge gewonnen worden. Die Nationalsozialisten, die die Landgewinnung forcierten, setzen auch die Planungen für die Dieksander Bucht um. Der neue Seedeich durchkreuzte auch den Friedrichskooger Priel knapp einen Kilometer vor dem bisherigen Seedeich. Aus dem ungeschützten Hafen wurde mit einem Schlag ein Binnenhafen, der wegen seiner Schleuse vor Sturmfluten sicher war. Zusätzlich zu den technischen Bauten entstand nördlich des Hafenbeckens eine eigens für die Fischer vorgesehene Siedlung. 1986 ist die Schleuse durch ein modernes Sperrwerk ersetzt worden, hinter dem die nunmehr etwa 30 Krabbenkutter sicher vertäut liegen.

Vom Hafen aus ist die offene Nordsee erst durch den Hafenpriel zu erreichen. Ursprünglich war der Priel ein Strom zur Entwässerung des 1854 eingedeichten Friedrichskooges. Aus diesem Entwässerungspriel wuchs zunächst ein kleiner Küstenhafen für Frachtsegler. 1883 ist der erste Fischer nach Friedrichskoog gekommen. Heute sind die meisten Kutter aus Metall und nicht mehr aus Holz und arbeiten mit modernen Fanggeschirren, mit denen sie Jagd auf die Krabben machen.

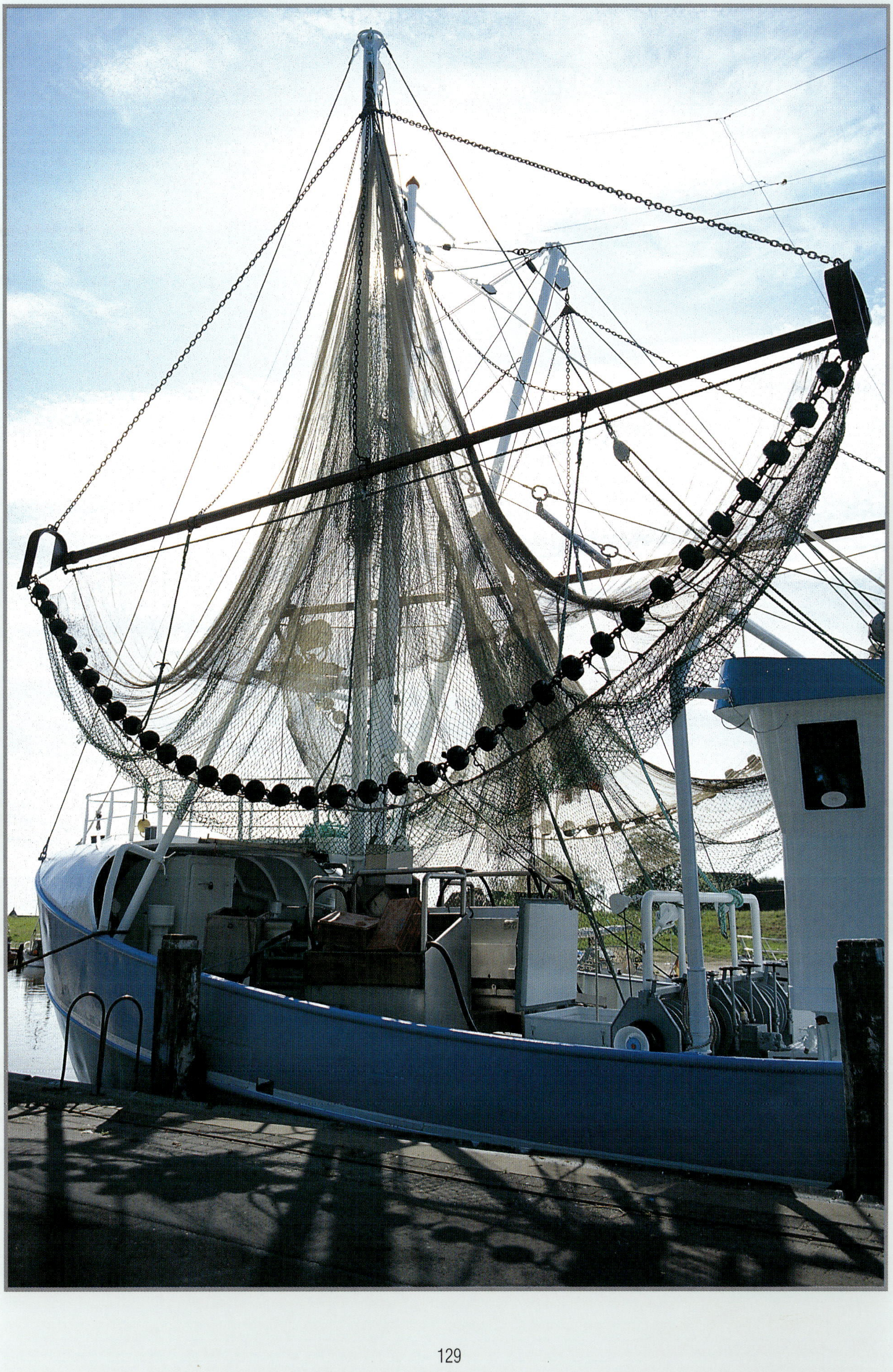

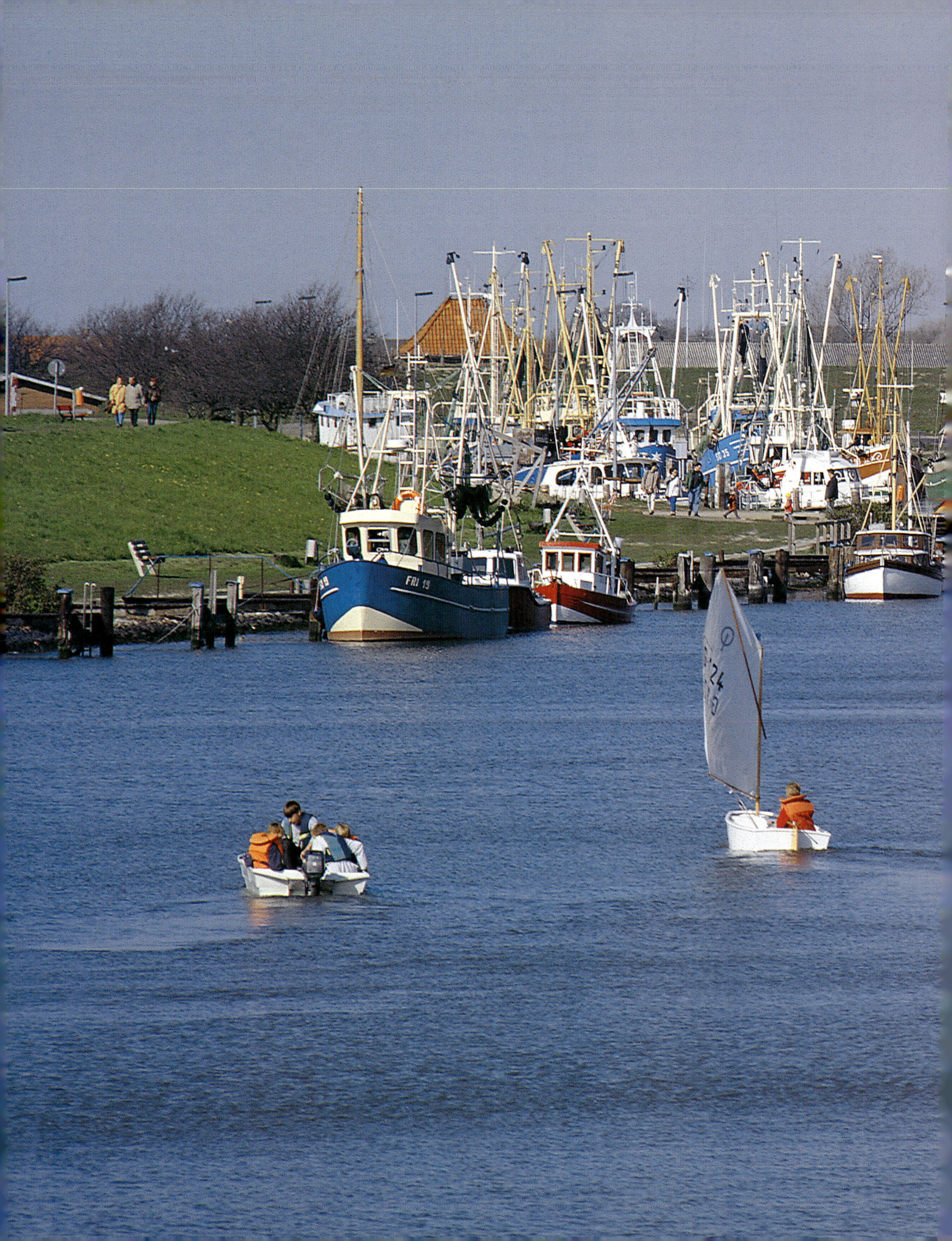
FRI 19

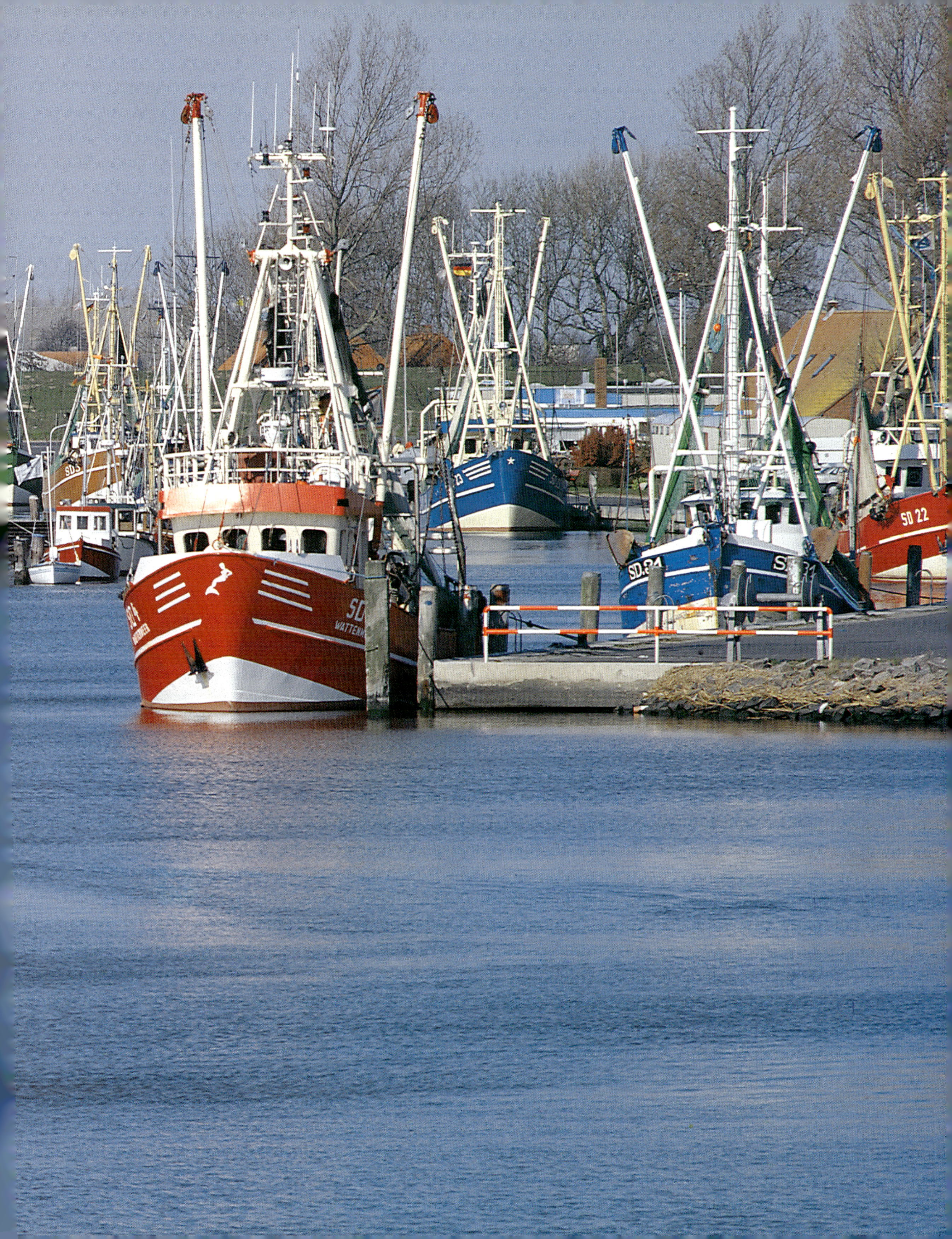
SD 22

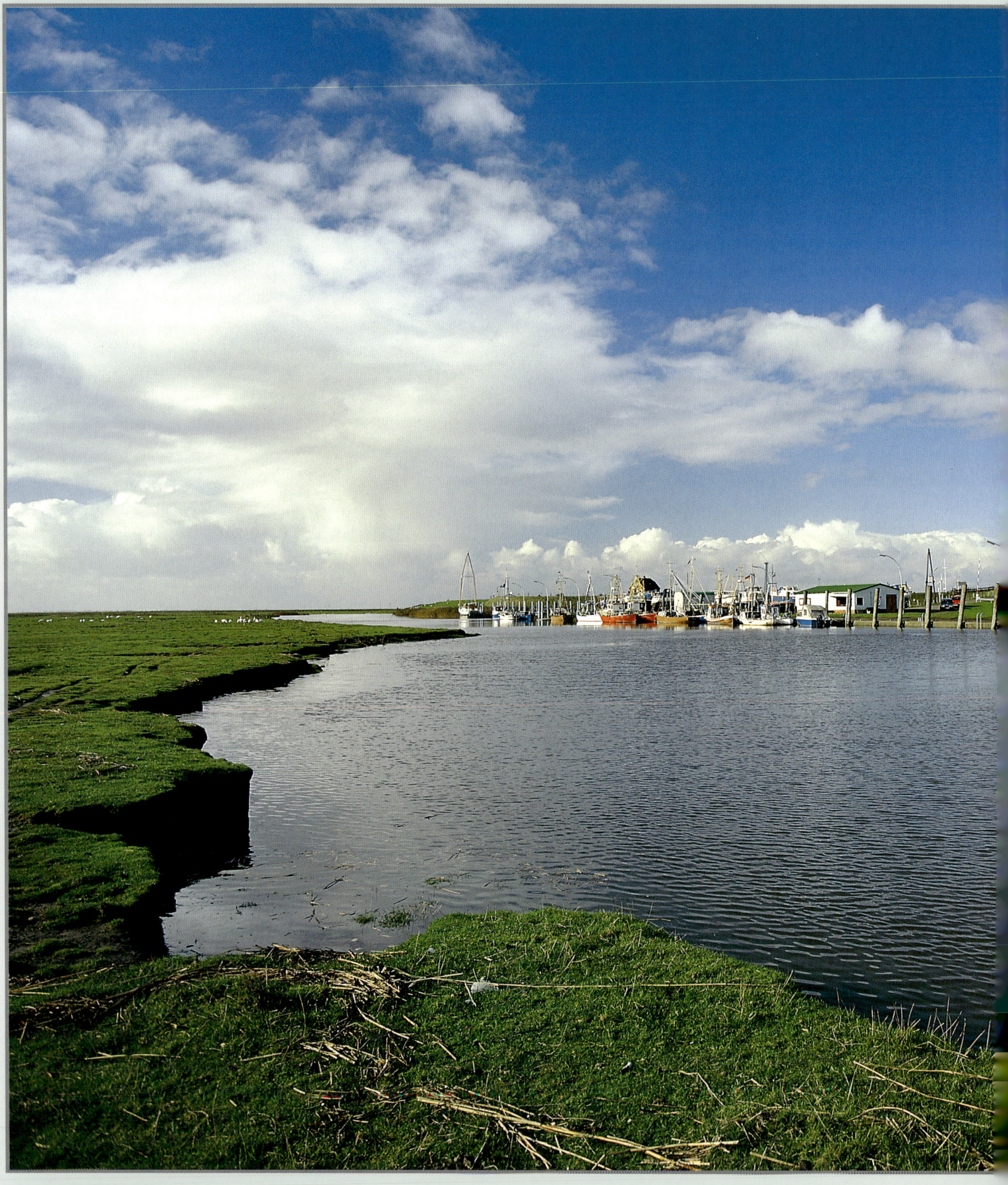

In Neufeld, etwa 15 Kilometer von Friedrichskoog elbaufwärts Richtung Brunsbüttel, hat sich die ursprüngliche Situation eines kleinen Küstenhafens, wie sie auf dem Bild von 1866 festgehalten ist, kaum geändert: Der Hafen liegt vor dem Deich, die Schiffe müssen durch einen Hafenpriel geführt werden und an einem kaum befestigten Ufer festmachen. Heute allerdings ist auch Neufeld kein Handelshafen mehr, sondern ein attraktiver Liegeplatz für Sportboote.

Brunsbüttel – die Stadt am Strom

Das Schicksal Brunsbüttels, im Süden Dithmarschens an der Elbe gelegen, ist ganz und gar mit dem Wasser verbunden. Das alte Brunsbüttel aus Republikzeiten – es gehörte mit Marne, Burg und Eddelak zur Süderdöfft, die im Verhältnis zu den anderen vier Döfften stark auf ihre Unabhängigkeit achtete – hatte sich zu einem wichtigen Handelsplatz des vieh- und kornreichen Dithmarschen entwickelt. Schon 1140 wird ein Kirchspiel Uthaven erwähnt, aus dem Brunsbüttel hervorgegangen sein mag und dessen Name bereits auf einen Hafen hindeutet.

Im Brunsbüttel der Republikzeit gehörten offenbar friedlicher Handel auf der einen Seite und Freibeuterei und Strandräuberei auf der anderen Seite zusammen wie die zwei Seiten einer Münze. Die Brunsbütteler hielten sich häufig an den auf der Elbe vorüberziehenden hamburgischen Kauffahrteischiffen schadlos. Dies führte auch zu der ersten urkundlichen Erwähnung der Siedlung im Jahr 1286, bei der die Strandmänner gegenüber ihrem Landesherrn, dem Erzbischof von Bremen, versichern müssen, daß sie „bei Einbuße des Lebens und aller Güter" nicht „weiter an eurem Hamburger Bürger gemeinsam Raub ausüben". Da dieser Vertrag und andere Vereinbarungen auch gebrochen wurden, kam es 1434 sogar zum Krieg.

Die Elbe war für Brunsbüttel aber nicht nur Schiffahrtsweg und damit Lebensgrundlage, sondern auch die größte Bedrohung. Die Tiefe des Stroms verlagerte sich immer weiter nach Norden, und der Fluß nagte sich Meter für Meter an die Siedlung heran. Während andere Orte in Dithmarschen, wie Wesselburen, Meldorf oder Marne, durch zusätzliche Landgewinnungen ihre küstenunmittelbare Lage verloren, ging es hier andersherum: Von rund 2800 Hektar Landes, die um 1560 vorhanden waren, so heißt es in einer Chronik, gingen bis gegen das Jahr 1700 etwa 630 Hektar verloren. Das war in einem Zeitraum von 150 Jahren ein Viertel des gesamten Bestandes. Weitere Sturmfluten führten zu der Einsicht, daß der gesamte Ort – mit Kirche und Friedhof – aufgegeben werden mußte. Alt-Brunsbüttel würde in der Elbe versinken, das war nicht mehr abzuwenden. Ab 1674 begann eine große Umsiedlungsaktion: Brunsbüttel entstand landeinwärts neu. Alle verwertbaren Baustoffe wurden für die neue Siedlung mitgenommen, sogar Bäume und Sträucher sind aus Alt-Brunsbüttel nach Neu-Brunsbüttel umgepflanzt worden. Ein Augenzeuge des Jahres 1710 hat notiert, daß er „wenig oder gar nichts" mehr von der alten Siedlung gesehen habe, „als etwa einige alte Steine, worunter Totenknochen von Menschen sich befinden, welche die tobende Elbe aus dem alten Kirchhof hatte ausgespült und wieder in die Höhe ans Land geworfen". Schon 1864 hieß es über den aufgegebenen Ort, „daß kaum die Stelle, wo es gestanden, mit Sicherheit bestimmt werden kann".

Nach Uthaven als Ur-Brunsbüttel und Alt-Brunsbüttel, das ebenfalls in der Elbe versank, entstand nun Neu-Brunsbüttel. Als Gründungsjahr für das barocke Gefüge von Jakobuskirche, Markt- und Kirchplatz wie es noch heute zu sehen ist, kann 1675 gelten.

Als bedeutendstes Bauwerk ist die Jakobuskirche, die 1679 eingeweiht werden konnte und für die es in Dithmarschen kein barockes Vorbild gab, entstanden. Dieser historische Siedlungskern hat dem heutigen Brunsbüttel seinen Namen gegeben, er selbst wird deshalb Brunsbüttel-Ort genannt. Hinzugekommen sind seit 1970 umliegende Siedlungsgebiete wie Mühlenstraßen, Westerbelmhusen, Westerbüttel und Ostermoor, vor allem aber Brunsbüttelkoog.

Mit dem Bau des Nord-Ostsee-Kanals, der bei Brunsbüttel in die Elbe mündet und diese mit der Kieler Förde verbindet, begann hier der große Boom. Mit dem Kanal wuchs der Ort Brunsbüttelkoog explosionsartig, parallel zu den Hafen- und Schleusenanlagen entstanden neue Straßen, Wohngebiete, Plätze, Kirche und ein neues Rathaus. Allerdings mutierte der Ort nicht, wie ein von wilhelminischem Größenwahn inspirierter Bebauungsplan von 1895 vorsah, zu einer Großstadt mit 100 000 Einwohnern.

Aber die strategische Lage des neuen Brunsbüttel war noch gewachsen, hier kreuzten sich die Schiffahrtswege von Elbe und Kanal. Seit den sechziger Jahren des 20. Jahrhunderts erlebte die Region durch Industrialisierung eine Veränderung ohnegleichen. Mit der Energiewirtschaft und der petrochemischen Industrie, Hafenanlagen an Kanal und Elbe und moderner verkehrsinfrastruktureller Anbindung ist Brunsbüttel zum großen Industriestandort Dithmarschens geworden. Damit ging auch die Entwicklung zu einer modernen Stadt einher.

Als das alte Brunsbüttel in der Elbe versank, wurde das neue landeinwärts neu aufgebaut. Im Mittelpunkt des barocken Kerns von Brunsbüttel-Ort steht der einschiffige Backsteinsaalbau der Jakobuskirche von 1678. 1719 schlug hier der Blitz ein, gerade, als das Kirchspiel wieder mit großer Wassernot zu kämpfen hatte. Die Gemeinde war zum Gottesdienst versammelt, als es entsetzlich krachte. Die Gottesdienstbesucher eilten hinaus, um zu sehen, ob der Blitz eingeschlagen hatte, und sie sahen, daß die Kirche selbst plötzlich brannte. Schreckensbilanz: Die Glocken zerschmolzen, die Orgel verbrannte, nur das Mauerwerk blieb stehen. In den Folgejahren wurde die Kirche wiederaufgebaut.

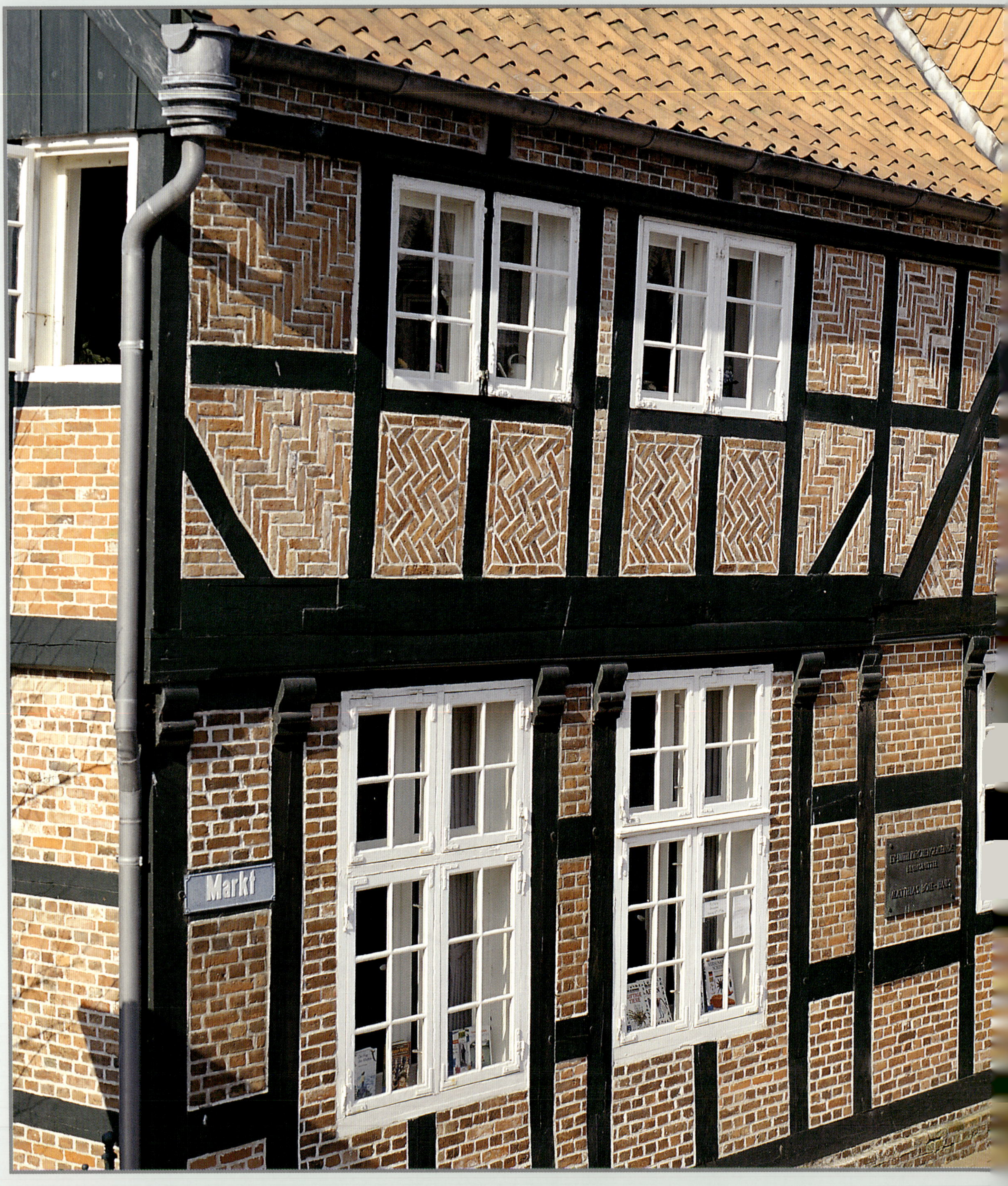
Markt

Nach dem Wiederaufbau der Kirche entstand an der Westseite des Marktes im Jahr 1729 das Diakonat für den zweiten Pastor. Späterhin war hier die Verwaltung der Kirchspielslandgemeinde untergebracht. Diese zog 1929 in das Rathaus am Markt, in dem heute das Heimatmuseum Brunsbüttel untergebracht ist. Ein mächtiger Anker vor dem Museum signalisiert, daß das Schicksal Brunsbüttels auf das engste mit der Seefahrt verbunden war und ist. Das alte Diakonat trägt den Namen Matthias-Boie-Haus und erinnert an den Gründer des neuen Brunsbüttel: Boie stiftete das Land, als der Ort umgesiedelt werden mußte.

In Brunsbüttel mündet der 99 Kilometer lange Nord-Ostsee-Kanal in die Elbe. Er verkürzt die Strecke von der Nordsee in die Ostsee um etwa 460 Kilometer. Der Kanal wurde 1895 fertiggestellt und ist heute die meistbefahrene künstliche Wasserstraße der Welt. Die Verbindung zwischen der Brunsbütteler Nord- und der Südseite wird durch regelmäßigen Fährverkehr gewährleistet. Die Entwicklung Brunsbüttels hat erst mit dem Kanalbau besonderen Aufschwung genommen.

In Kiel-Holtenau und in Brunsbüttel müssen die durchfahrenden Schiffe mächtige Schleusen passieren, mit denen die unterschiedlichen Wasserstände von Ostsee und Elbe ausgeglichen werden. Das Duchschleusen ist für derartige Ozeanriesen eine Millimeterarbeit. Die Schleusenkammern haben eine Nutzlänge von 310 Metern und eine Nutzbreite von 42 Metern, die Schleusenzeit beträgt 45 Minuten.

Ozeanriesen vor den Brunsbütteler Kanalschleusen. Das alte Brunsbüttel mußte aufgegeben werden, weil es der nagenden Strömung des Elbestroms ausgeliefert war. Das neue Brunsbüttel hat besondere Bedeutung erlangt, seitdem der Nord-Ostsee-Kanal hier in die Elbe, Südgrenze Dithmarschens, mündet. Nun liegt Brunsbüttel am Kreuzungspunkt zweier wichtiger Schiffahrtsstraßen, die die Existenz des Ortes prägen.

Hæc est latitudo insulæ Ameren dicta.
Aldus verthoont hem Ameren, alst dwars van v. is legghende.
Hæc est Vera Dithmarsiæ delineatio, uti nauigantibus Albim sese exhibit.
Aldus verthoont hem tlandt van Dithmars alsmen vp de Elue is zeijlendt.
Vera descriptio prouinciæ Halensis, uti traijcientibus Albim sese offert.
Aldus verthoont hem tlandt te Hael, alsmen de Elue is vp zeijlende.
Beschrijuinghe der Zee Custen van Eyderstet, Dithmers, en een deel vant Frowges landt, de Weser, Elue, Eyder, Heuer, en meer andere gaeten, Zanden, en ondiepte, langes alle de Custe gelegghen.
EYDER
STE
DITMERS
HAEL
Mildorp
Baerlt
Romerne
Northausen
Londen
Olde woorden
Wesselen boeren
Tonnenghen
Coetenghe
Wester heuer
Gartingen
Tatinghen
S. Pieter
STRANDT
Pubel heuer
Fux
Roemerder sant
vlacke stroom
Noordt gronden
De Elue
Albis fluuius
Weser
Butia
Olde brouck
Lehe
Wesmardt
Doesdorp

„Wahret die Rechte des Landes"

Friedrich Engels war wohl ziemlich erschrocken, als er den Text des Schleswig-Holstein-Liedes, das zum ersten Male beim Sängerfest in Schleswig am 24. Juli 1844 erklang, im Rheinischen Beobachter gelesen hatte, und er muß zu dem Zeitpunkt der Lektüre eine feste Vorstellung von den Dithmarschern gehabt haben. In einem Brief an Karl Marx vom 18. September 1846 verwandelte er den Wortlaut des Liedes in ein Spottgedicht, um die aus seiner Sicht antidänisch, allzu martialisch anmutende Durchhalte-Lyrik zu veralbern. „Ein schauerliches Lied", so Engels an Marx, und: „wert von Dithmarschen gesungen zu werden..."

Vor allem im 19. Jahrhundert fanden die kriegerischen Episoden aus der Dithmarscher Geschichte Resonanz – aber ebenso zu dieser Zeit haben insbesondere die damaligen Liberalen wichtige Quellen der republikanischen Vergangenheit Dithmarschens publiziert. Der Kieler Professor Friedrich Christoph Dahlmann gab 1827 die Chronik des Neocorus heraus, und 1834 wurde das Porträt, das Markus Swin und seine Frau abbildet, als Lithographie vervielfältigt und verbreitet. Schon 1841 wurde der Swinsche Pesel – man hielt ihn damals ja noch für eine prächtige Bauernstube – für die öffentliche Hand erworben, zum Glück. Noch um 1870 herrschte in Fachkreisen die Überzeugung, Schleswig-Holstein habe keine bemerkenswerteren Kunstdenkmäler als den Pesel Swins und den Brüggemann-Altar im Schleswiger Dom. Zeugnisse der republikanischen Vergangenheit Dithmarschens verwandelten sich ‚mutatis mutandis', in „vaterländische Altertümer".

Zugleich wurde die Konfrontation von Hemmingstedt von 1500, wo sich ursprünglich Systeme gegenüberstanden, wo es um einen Konflikt „Fürstenstaat contra genossenschaftlich verfaßtes Gemeinwesen" ging, transferiert in eine nationalstaatliche Auseinandersetzung nach dem allzu einfach gestrickten Muster „dänisch contra deutsch". Nach der schleswig-holsteinischen Erhebung und den nationalen Auseinandersetzungen in den Jahren 1848/51 konnten die Dithmarscher demonstrieren, daß sie sich seit Jahrhunderten gegen „die Dänen" zur Wehr gesetzt und somit ihren Anspruch auf den Ehrentitel „gute Deutsche" bereits angemeldet hatten. So durften sie auch im restlichen Deutschland als Vorbilder dastehen in einer Zeit, in der viele die Gründung eines deutschen Nationalstaates anstrebten. Die Dithmarscher Geschichte taugte beispielhaft als Identifikationsmuster, nicht nur in Schleswig-Holstein: In seinem literarischen Sonntagsverein „Tunnel über der Spree" trug beispielsweise Theodor Fontane im März 1851 erstmals seine Ballade „Der Tag von Hemmingstedt" vor, die bei der Balladenkonkurrenz des „Tunnels" preisgekrönt wurde.

Nach der Einverleibung Dithmarschens in das Preußen Bismarcks jedoch blieb nichts von dem, was man nach 1559 den adeligen Siegern, dem dänischen König voran, noch abgehandelt hatte. Die Mahnung des Landespfennigmeisters Theodor Griebel aus Heide „Wahret die Rechte des Landes" war 1861 zwar voller Sorge gesprochen, blieb aber wirkungslos. Aus den selbstbewußten Dithmarschern mußten nun Preußen werden.

Die große Zeit der Eigenständigkeit war endgültig vorbei. Sie ist aber noch wirkungsmächtig, sonst würden wir ihr nach 500 Jahren nicht mehr nachspüren. Es finden sich in Dithmarschen viele Umstände, Relikte und Gelegenheiten, an die eigenständige republikanische Tradition zu erinnern. Das ist auch gut so, denn im Kern geht es um die Frage, wie das Verhältnis zwischen Individuum und Gemeinschaft ausgestaltet sein soll, abhängig-untertänig oder aktiv-mitgestaltend. Diese Frage ist von brisanter Aktualität.

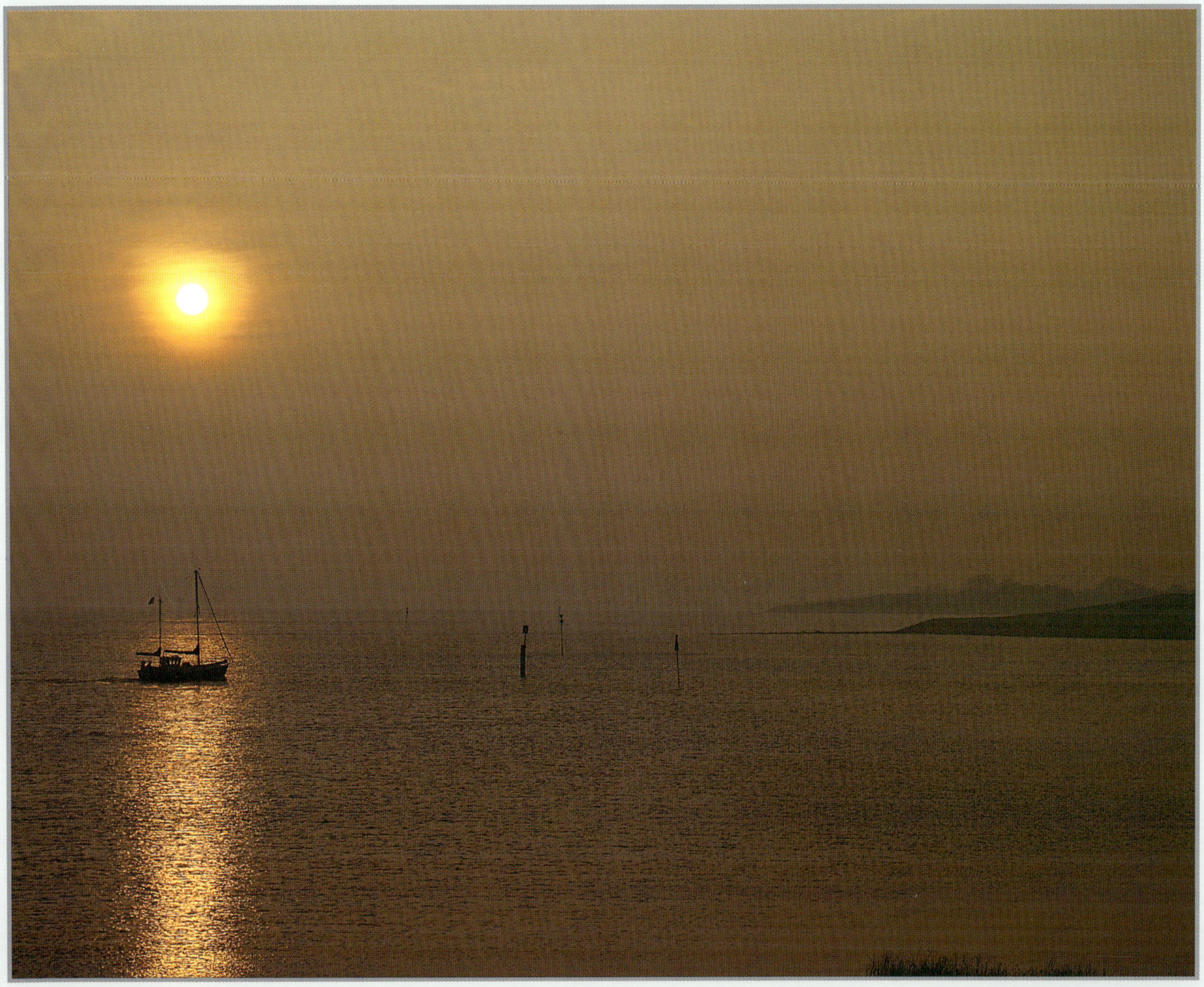

Literatur

Hinderikus Alberts, Heinz Heinrich, Fritz Lorenz, Brunsbüttel – Eine Stadt im Wandel. Heide 1975.

Hinderikus Alberts, Brunsbüttel – Ein Führer durch die Stadt und ihre Geschichte. Heide 1982.

Klaus Alberts, Friede und Friedlosigkeit nach den Dithmarscher Landrechten von 1447 und 1539. Heide 1978.

Hans-Günther Andresen, Neubarock in der Marsch – Zur Architektur der Rathäuser von Marne und Büsum – baulicher Fortschritt in Dithmarschen. In: Zs. Dithmarschen 1/1997. S. 7–18.

Volker Arnold, Wolf Könenkamp, Nis R. Nissen, Heide um 1500 – Leben in Dithmarschen in der Regentenzeit. Heide 1990.

Volker Arnold, Archäologischer Wanderweg rund um Albersdorf – Ein Führer zu den ur- und frühgeschichtlichen Denkmälern. Heide 1991.

Volker Arnold, 5000 Jahre Töpferei an der Westküste. In: Kat. Vom Steinzeittopf zur Kunstkeramik – 5000 Jahre Töpferei an der Westküste. Heide 1992. S. 7–25.

Nils G. Bartholdy, Dannebrog und Dithmarschen – Anmerkungen zum Dithmarscher Reiterwappen. In: Zs. Dithmarschen 2/1998. S. 26–29.

Walter Denker, Reimer Stecher, Alte Bäume in Dithmarschen. Heide 1997.

Klaus Gille, Nils Hansen, Karsten Schrum, Meldorf – Bilder einer alten Stadt. Heide 1995.

Inge Hurtienne, Von Schiffern, Schiffen und Wassermengen. Burg/Dithm. 1995.

Helene Höhnk, Dithmarschen erzählt. Heide 1983.

Wilhelm Johnsen, Das schöne Brunsbüttel – Schicksale und Denkmäler. Brunsbüttel 1951, Reprint Brunsbüttel 1980.

Wilhelm Johnsen, Bauern, Handwerker, Seefahrer – Zeit- und Lebensbilder aus dem Kirchspiel Brunsbüttel und aus dem Lande Dithmarschen. Brunsbüttel 1961.

Wolf D. Könenkamp (Hg.), Heinrich Christian Boie – Literat und Landvogt – 1744–1806. Zs. Dithmarschen, Sonderheft o. J.

Waldemar Krause, Alte Geschichten aus Dithmarschen. Heide 1976.

Walther Lammers, Die Schlacht bei Hemmingstedt – Freies Bauerntum und Fürstenmacht im Nordseeraum. Heide 1987 (3. Aufl.).

Arnold Lühning, Haus und Pesel des Markus Swin. Heide 1997.

Otto G. Meier, Von alten Bäumen, Gräbern und Steinen in Dithmarschen. Heide 1964.

Karl Viktor Müllenhoff, Sagen, Märchen und Lieder der Herzogtümer Schleswig, Holstein und Lauenburg. Neue Ausgabe von Otto Mensing, Schleswig 1921. Reprint Kiel 1985 (4. Aufl.)

Neocorus, Chronik des Landes Dithmarschen. Hg. von F. C. Dahlmann 1827. Reprint hg. von Reimer Witt. Leer 1978.

Gerda Nissen, Typisch Dithmarscher – Ansichten und Profile eines legendären Volkes. Heide 1992.

Nis R. Nissen, Günter Pump, Marne und seine Nachbarn Friedrichskoog – St. Michaelisdonn. Heide 1973.

Nis R. Nissen, Kleine Geschichte Dithmarschens, Heide 1986.

Nis R. Nissen, Günter Pump, Dithmarschen – Leben mit Wasser und Wind. Heide 1991.

Nis R. Nissen, Staat und Kirche in Dithmarschen, Heide 1994.

Hans-Peter Petersen, Schleswig-Holsteinisches Windmühlen-Buch. Wesselburen und Hamburg 1969.

Günter Pump, Nis R. Nissen, Windmühlen an der Nordseeküste. Heide 1993.

Kurt Schietzel, Entwurf einer Rahmenkonzeption. In: Kreis Dithmarschen (Hg.), Archäologische Insel Albersdorf. Heide 1994. S. 9–21.

Kurt Schule, Durch Marsch und Geest – Fahrt- und Wanderziele in Dithmarschen. Heide, 1987 (3. Aufl.)

Kurt Schulte, Büsum – Von der Insel zum Nordseeheilbad. Heide 1989.

Heiko K. L. Schulze, Der Meldorfer Dom. Heide 1992.

Frank Trende, Marne – Ein Führer durch die Stadt und ihre Geschichte. Heide 1990.

Frank Trende (Hg.), Karl Müllenhoff – Ein Lebensbild von Wilhelm Scherer. Heide 1991.

Frank Trende, „Wahr di Gahr; de Bur de kümt" – Anmerkungen zu einem Dithmarscher Heldenmythos. In: Silke Göttsch, Wolf Könenkamp, Kai Detlev Sievers, Geschichte und Museum – Festschrift für Nis R. Nissen zum 70. Geburtstag, Kieler Blätter zur Volkskunde. Kiel 1995. S. 71–80.

Frank Trende, Dithmarschen – Ein Reisebegleiter. Heide 1997.

Frank Trende (Hg.), Schleswig-Holsteinisches Märchenbuch aus der Müllenhoffschen Sammlung. Heide 1997.

Frank Trende, Der Friedrichskooger Hafen als Standort der Krabbenfischer. In: Heinrich Mehl, Doris Tillmann (Hg.), Fischer-Boote-Netze – Geschichte der Fischerei in Schleswig-Holstein. Heide 1999. S. 49–58.

Barbara Wellhausen (Hg.), Hebbel in Wesselburen. Heide 1986.

Reimer Witt, Dithmarschens letzte Fehde 1559 – die Vorgeschichte einer Kapitulationsurkunde. In: Zs. Dithmarschen 3/1996. S. 53–63.

Im folgenden werden die Museen, Kirchen etc. genannt, die dankenswerterweise bereit waren, ihre Schätze für die Aufnahmen zur Verfügung zu stellen. Es werden die Seiten genannt. Dithmarscher Landesmuseum (6, 19, 51, 133), Gemeinde Kronprinzenkoog (117), Hebbel-Museum (61), Kirchengemeinde Delve (81), Kirchengemeinde Hemme (52/53), Kirchengemeinde Meldorf (14, 15), Kirchengemeinde Schlichting (55), Kirchengemeinde St. Annen (54), Klaus-Groth-Museum (38), Königliche Bibliothek, Kopenhagen (140), Museum für Dithmarscher Vorgeschichte (90), Schleswig-Holsteinische Landesbibliothek (29, 62), Töpferei Tellingstedt (85).

ISBN 3-8042-0836-3

© 1999 Westholsteinische Verlagsanstalt Boyens GmbH & Co. KG, Heide
Alle Rechte vorbehalten
Gestaltung Günter Pump.
Herstellung Westholsteinische Verlagsdruckerei Boyens GmbH & Co. KG, Heide
Printed in Germany